Anton Lichtenauer

Gute Nacht Gedanken

Gute Nacht Gedanken

Eine kleine Bettlektüre

Herausgegeben von
Anton Lichtenauer

HERDER
FREIBURG · BASEL · WIEN

Ein einfach-leben-Buch

Originalausgabe

MIX
Papier aus verantwortungsvollen Quellen
FSC® C005833

www.herder.de

Grafische Gestaltung: Gestaltungssaal, Rosenheim
Herstellung: Těšínska Tiskárna a.s., Český Těšín

Printed in the Czech Republic
ISBN 978-3-451-00799-6

Inhalt

Gute Nacht! 7
Vorwort von Anton Lichtenauer

Wie der Schlaf erschaffen wurde
und die Nacht in die Welt kam 15

Der Tag neigt sich dem Abend zu 25
Die Nacht fängt mit dem Abend an

Geh sanft in diese ruhige, dunkle Nacht 45
Gute Nachtgedanken

Vergnügtes Gähnen, süßer Schlaf 59
Das beste, was wir haben ist der Schlaf

Schlafen, das wäre schön 79
Über die Schlaflosigkeit und wie
man ihr begegnet

Was den Schlaf gelingen lässt 97
Tipps zum Einschlafen

Süßes Vergessen, seliger Frieden 121
Sorge dich nicht – schlafe

Träume sind Briefe an uns selbst 143
Sprache und Weisheit der Träume

Bevor des Tages Licht vergeht 165
Die schönsten Abendgebete

Guten Abend, gute Nacht,
mit Rosen bedacht 181
Die schönsten Abendlieder

Ein neuer Tag – 197
Wie neu geboren

Gute Nacht!

Vorwort von Anton Lichtenauer

„Welt, bleib wach!“ Keine schlechte Devise in Zeiten, in denen man nicht recht weiß, welche ungute Überraschung als nächste um die Ecke kommt. Doch es gilt immer auch die andere Wahrheit: Nur wer gut ausgeschlafen ist, kann wirklich aufmerksam und hellwach sein.

Was auch immer wir tun, gestresst sind wir alle im 24/7-Reich der permanent wachen Welt. Das Internet kennt keinen Schlaf, und es hat uns alle an der kurzen Leine. Aber unser Körper lässt sich nicht hinauskatapultieren aus der Bindung an die Natur. Wir brauchen zum gesunden Leben den natürlichen Rhythmus von Wachen und Schlafen, von Tag und Nacht, von

Licht und Dunkel, Aktivität und regenerierender Ruhe.

Das lässt sich weder ausschalten noch überlisten. Und wenn man auf öffentlichen Reklametafeln liest: „Statt einschlafen zwei trinken“, die Werbung für ein sehr, sehr koffeinhaltiges Getränk, wird schnell klar: Künstliches Aufputschen kann die Lösung für wache Menschen nicht sein. Denn man kann die Welt auch im aufgeputschten Wachzustand „verschlafen“. Spirituelles Wachkoma ist das: eingelullt und abgelenkt im Genuss- und Unterhaltungsmodus, vor sich hindösend im Bannkreis des eigenen engen Umfelds, in aller Ruhe gleichgültig gegenüber allem, was auch jenseits eigener Interessen wirklich wichtig ist.

Es ist ein Irrglaube, dass wir im Schlaf nur wertvolle Zeit verlieren. Der Schlaf ist kein Dieb, der uns die Hälfte unseres Lebens stiehlt. Leben ist mehr als das, was untertags geschieht. Auch Schlafen ist Leben. Und es ist ein Geschenk.

Die Nacht, sagen die Alten sogar, ist ein Gottesgeschenk. Und nach alten Legenden ist auch der menschliche Schlaf eine göttliche Schöpfung – ein Rest der paradiesischen Ruhe. Ein Segen – bis heute. Schon die Bibel berichtet: Der Schöpfergott hat die Nacht geschaffen – „und es war gut so!". Und dass Schlafen etwas Himmlisches ist, das wussten die Menschen früher. Die alten Griechen und Römer kannten – und verehrten – einen Gott des Schlafes. Die frommen Juden rufen bei Schlafstörungen noch heute einen besonderen Engel an, – Joel, den Nothelfer für Sorgen und Einschlafprobleme.

Wer nicht an Götter und Legenden glaubt, dem bestätigt die Forschung durch ihre Ergebnisse in den modernen Schlaflabors: Die nächtliche Ruhe ist für körperliche Gesundheit so wichtig wie für die seelische. Jung und alt brauchen sie, auf je ihre Weise: Ein Baby benötigt 18 Stunden Schlaf, alte Menschen kommen schon mit fünf Stunden aus. Der Rhythmus eines Jugendlichen ist anders als der des Erwachsenen. Schlaf bleibt zwar immer etwas ganz Individuelles. Aber wer nicht ausgeschlafen hat, wird unleidlich, überreizt, kann keine Leistung bringen. Statistiken weisen nach, dass die meisten Unfälle passieren, wenn Menschen nicht ausgeschlafen sind.

80 Prozent der deutschen Erwerbstätigen leiden heute unter Schlafstörungen. Das konstatierten Schlafforscher im Jahr 2018. Schon dass es so etwas wie Schlafforschung braucht, ist ein Zeichen, dass etwas aus dem Gleichgewicht geraten ist. Wo der Schlaf kurz kommt, kommt das Leben selbst zu kurz. Waren früher 9 Stunden die Regel, sind es heute durchschnittlich nur

noch 6,1 Stunden. Jährlich werden über 6500 Tonnen Schlafmittel konsumiert. Wenn das einreißt: „Gute Nacht!"…

Es gibt Tiere, die schlafen, indem sie nur eine Hälfte ihres Gehirns ruhen lassen. Zu den unermüdlichen gehören die Albatrosse, die dadurch bis zu 15.000 km am Stück fliegen können. Und einige Schneckenarten können aber auch länger schlafen als alle anderen Tiere. Von leicht einmal drei Jahren Tiefschlaf sprechen die Forscher.

Tiere können das das. Kein Mensch kann rund um die Uhr angespannt bleiben. Und kein Mensch ist Dauerschläfer. Im Wachen des Ausgeruhten ist angespannte Aufmerksamkeit möglich. Und Schlafen ist Ent-Spannung. Schon das Wort weist darauf hin: Nach seinem altgermanischen Ursprung bedeutet es ursprünglich „schlapp werden" und ist mit dem Eigenschaftswort „schlaff" verwandt. So ist es nicht verwunderlich, dass in der modernen Schlafforschung das Schlaffwerden der Muskulatur als wichtige Messgröße zur Bestimmung der Schlafstadien dient.

Trotz aller Schlafforschung: Die Welt des Schlafs bleibt ein Geheimnis: Wenn wir abends zu Bett gehen, sehen, hören und fühlen wir nicht mehr bewusst, was um uns herum vorgeht. Wir leben in einer anderen Welt. Unser Körper ruht sich aus, während unser Gehirn – und unsere Seele – aktiv ist. Das, was der Tag gebracht hat, sinkt ab, wird im Traum in Berührung gebracht mit der Wirklichkeit unserer Seele. Und am nächsten Tag schaut die Welt wieder anders aus.

Der Schlaf sei ein Bruder des Todes und ein Freund des Lebens, sagen die Philosophen. Er führt uns an unsere Grenze, jeden Tag. Und vielleicht auch darüber hinaus. „Auf einen Stern zugehen, nur dieses."

Dieser geheimnisvolle Satz findet sich im Werk des Philosophen Martin Heidegger. Auf seinem Grabstein in Messkirch ist ein Stern abgebildet.

Sich auf die Suche begeben und sich auf einen Stern zu bewegen – vielleicht ist es das, was hinter diesem Bild steht und was das Geheimnis unseres Lebens mit dem Geheimnis der Nacht verbindet?

Jeden Abend können wir es erfahren, dass alles seine Zeit hat. Jeden Abend können wir uns einstimmen auf das Geheimnis einer anderen Wirklichkeit. Und dabei doch ganz bei uns sein. Und jeden Abend kann der Traum wahr werden von einer himmlischen Ruhe.

Und gibt es einen beruhigenderen Wunsch als ein freundliches: „Gute Nacht!“?

Der Schlaf ist doch die köstlichste
Erfindung.

(Heinrich Heine)

Wie der Schlaf erschaffen wurde und die Nacht in die Welt kam

O Schlaf!

O süße, wenn auch schwarze Zeit,
o Nacht
Die jedes Werk in ihren Frieden reißt,
Gut von Verstand und Aug ist,
wer dich preist,
Und wer dich ehrt, hat heilen Geists
gedacht.

(Michelangelo)

Wie der Schlaf erschaffen wurde

Als Jupiter, der Vater aller Götter, den Menschen erschuf, war der Schlafgott Somnus noch gar nicht geboren. Die Lebenszeit der Menschen aber war damals in zwei gleiche Teile aufgespalten: Der eine Teil war mit Licht umgeben. Der andere war mit Finsternis umhüllt. Der eine Teil war von Jupiter zur Ruhe bestimmt (den Schlaf gab es zu dieser Zeit noch nicht), der andere zur Arbeit. Da der Geist der Menschen aber bald zur Unruhe und zum Tätigsein neigte, begannen sie allmählich die Ruhe zu vernachlässigen. Sie fingen an, sich nicht nur in der Zeit des Lichts, am Tag, sondern auch in den Stunden der Finsternis, in der Nacht, mit allerlei Geschäften zu betätigen. Auch Streit fingen sie an, alles während der Zeit, die die Götter der Ruhe geweiht hatten. Da fasste Jupiter den Beschluss, den Schlaf zu erschaffen. Er nahm den Schlafgott Somnus in die Reihe der Götter auf und machte ihn zum Hüter der Nachtruhe. Als Zeichen seiner Macht gab er ihm den Schlüssel der Augen. Mit Flügeln stattete er ihn aus, damit er leise und sanft zu den Menschen kommen könne. Jupiter mischte sodann auch noch mit eigener Hand einen Trank, mit dem der Schlaf die Herzen der Menschen beruhigen konnte. Auch einen Tropfen vom Kraut des Todes, das im himmlischen Hain wuchs, mischte er in diesen Trank, neben den Kräutern der Sicherheit und der Lust. Vom Tod war es aber nur ein kleiner Tropfen, nur so viel, dass die Menschen niedersinken und mit unbeweglichen Gliedern daliegen. Am nächsten Morgen aber sollten sie wieder erwachen und munter aufstehen. Auch schöne Träume schenkte der Jupiter dem Menschen, damit ihm der Schlaf lustvoll und angenehm werde. Die Träume sollten der Leidenschaft eines jeden Menschen entsprechen. Seitdem loben und lieben die Menschen den Schlaf als göttliche Gabe und freuen sich auf die Nacht als Zeit der Ruhe und der Erquickung.

(Antike Erzählung)

Wie die Nacht in die Welt kam

In einer jüdischen Sage wird eine andere Version davon überliefert, wie die Welt begann und der Schlaf erschaffen wurde. Am Anfang erschuf Gott demnach den Menschen. Eine Gehilfin gab Gott dem Menschen bald zur Seite. Sie sollte ihn unterstützen, beim Bauen und Bewahren seines Gartens. Und Gott gab den beiden einen weiteren Auftrag: Sie sollten sich vermehren und mit ihren Nachkommen die Erde erfüllen.

Als aber die Erde Gottes Rede hörte, dass die Erde erfüllt werden sollte mit den Menschen und ihren Nachfahren, erzitterte sie vor Schrecken und sprach vor ihrem Schöpfer: „O Herr aller Welten! Meine Kraft reicht nicht, diese Menschenherde mit ihrer Vielzahl zu ernähren."

Gott hörte ihre Bedenken, und er sprach zu der Erde: „Ich und du, wir wollen beide gemeinsam die Menschenherde ernähren." Und sie teilten ihre Arbeit untereinander. Der Herr nahm die Nacht auf sich und gab der Erde den Tag.

Was hat Gott, der Herr aber getan? Er erschuf den Wechsel von Tag und Nacht und den Schlaf; und von nun an lag der Mensch da und wachte am Tage und schlief die Nacht über. Und der Schlaf ist seit dieser Zeit dem Menschen jede Nacht eine Wohltat, er ist ihm wie Speise und Heil, Leben und Freude und Erholung. Die

Seele, so heißt es, füllt den Leib des Menschen aus, aber in der Nacht, in der Stunde, da der Mensch schläft, steigt sie zum Himmel empor und schöpft ihr Leben von oben. Der Erde aber steht der Herr ebenfalls bei, und er tränkt sie mit Regen und gibt so Speise allen Geschöpfen.“

(Jüdische Sage)

Ein Lob dem Erfinder des Schlafes

Auf ewig gepriesen sei der,
der den Schlaf erfunden hat.
Denn der Schlaf ist wie ein Tuch,
das alle unnützen Gedanken zudeckt.
Wie eine Speise ist er,
die den Hunger vertreibt.

Er ist das Wasser,
das den Durst löscht.
Das Feuer, das in der Kälte wärmt.
Die Kälte, welche Hitze mäßigt.
Kurz gesagt:
der Schlaf ist so wertvoll
wie die Goldmünze,
für die man alles kaufen kann.
Er ist Waage und Gewicht,
womit der ärmste Hirt
und der reichste König,
der dümmste wie der gescheiteste Kopf
gleich gewogen und gleich schwer
gefunden werden.

(Miguel de Cervantes)

Alles ist ausgeruht:
Dunkel und Helligkeit,
Blume und Buch.

(Rainer Maria Rilke)

Der Tag neigt sich
dem Abend zu
Die Nacht fängt mit
dem Abend an

Der Tag klingt aus

Das Ziel eines Tages ist erreicht,
wenn er ausklingt in einem Ton,
der zum Ganzen gehört,
der ihn abschließt und erst ganz
macht und doch offen hält:

„Sieh, der Tag verlangsamt sich, entgegen
jenem Raum, der ihn nach Abend nimmt:
Aufstehen wurde Stehn
und Stehn wird Legen,
Und das willig Liegende verschwimmt –

Berge ruhn, von Sternen überprächtigt; –
Aber auch in ihnen flimmert Zeit.
Ach, in meinem wilden Herzen nächtigt
Obdachlos die Unvergänglichkeit."

(Rainer Maria Rilke)

Das Abendrot ist schöner als das Morgenrot:

Zum ersten,
weil es ist bequemer anzusehn,
Und man deswegen früh nicht
aufzustehen braucht;
Zum andern,
weil im Abendrot lustwandeln geht
Die Schönen, die nicht schlafen,
wann der Morgen haucht;
Zum dritten,
weil die Abendröte schönen Tag;
Die Morgenröte schlechten prophezeien mag;
Zum vierten endlich,
und das ist in meinem Sinn,
Was gibt den Ausschlag:
weil ich selbst dem Abendrot
Des Lebens näher als dem Morgenrote bin.

(Friedrich Rückert)

Frei werden

Den Abend vor dem Alltag schützen.
Den Lärm des Tages von der Ruhe
der Nacht trennen.
Ablegen, was stört. Loswerden,
was beengt: Die Krawatte und Business-
Kleider. Und vor allem den Stress.
Was sind – in den Worten
Helmut Qualtingers – Stressoren
anderes als „Handschellen, die man
ums Herz trägt."

Nur Ruhe

Nichts verplanen.
Keine Termine, keine Telefonate.
Halten wir uns an Elias Canetti:
„Wenn das Telefon nicht klingelt,
ist es für mich."

Ankommen bei sich selber

Ein Tag wird rund, wenn er zu Ende geht:
„Der Weg der Reisenden,
die zur Stadt gehen ist derselbe
wie der Weg derer,
die aus der Stadt kommen.
Auch die Haustür
ist die gleiche für diejenigen,
die eintreten und für diejenigen,
die hinausgehen“

(Bernhard von Clairvaux)

Einen ganzen Abend

mit sich verbringen,
ganz allein.
Ohne Buch und ohne Fernsehen
„Was hälfen denn alle Wissenschaften
und ein langes Leben,
wenn ein Mensch nicht
drei Stunden
in der Dämmerung
sich mit sich selbst
unterhalten könnte.“

(Jean Paul)

Abend – die Welt holt Atem

Ausruhen ist wie der vorgezogene Schlaf –
ein Atemholen für das Leben.

Frühlingsabende

mit allen Sinnen genießen,
auch ganz bewusst mit den Ohren:
„Töne sprechen die Abende des Frühlings
aus und alles, was er verspricht,
wenn sie es nicht sogar auch geben.“

(Jean Paul)

Winterabende

geben, was sie leise versprechen:
Stille – das Geräusch der fallenden
Schneeflocken.

Genießen Sie einen schönen Sommerabend

Setzen Sie sich auf eine Bank und betrachten die Natur. Hören Sie auf das Zirpen der Grillen, auf das leise Rauschen des Windes. Und schauen Sie einfach, wie die Sonne langsam untergeht, welche Farben sie an den Himmel zaubert. Genießen Sie die Ruhe des Sommerabends. Und versuchen Sie, einfach nur dankbar da zu sein, alles zu vergessen, was sie bedrückt hat, alles, was Sie den Tag über belastet hat, versuchen Sie, alle Sorgen hinter sich zu lassen und nur im Schauen und Hören zu sein.

Dann wird die Schönheit der Natur sich auch in Ihr Herz eingraben. Und die Ruhe der Natur wird Ihnen Frieden schenken.

(Anselm Grün, Buch der Rituale)

Rituale tun Leib und Seele gut

Auch wenn wir das Gefühl haben, dass die Zeit uns tagsüber im Griff hat, ein Abendritual gibt uns die Zeit wieder zurück. Wichtig ist: Den Tag vom Abend trennen. Eine warme Dusche etwa. Und wie ein im Sommerregen nass gewordener Hund alles von sich abschütteln. Auch das hilft, abzuschalten.

Anselm Grün weiß: „Rituale können einen Tag einleiten und ihm bei der Arbeit Struktur geben. Sie können aber auch helfen, den Feierabend zu begehen. Sie können einen Tag ausklingen lassen. Sie können dazu beitragen, einen Raum der Stille zu schaffen und zur Ruhe zu kommen und unsere Gefühle zu klären und so unsere Lebensenergie zu erneuern und zu vertiefen. Auf diese Weise tun sie Leib und Seele gut.“

Freude

Freude entspannt Seele und Körper.
Besonders für den Abend gilt, was Rainer Maria Rilke empfiehlt:
„Keinen Anlass zur Freude versäumen."

Also: Mit guten Freunden den Abend verbringen.
Die Freude an einem guten Glas Wein mit ihnen teilen – und vor allem die Zeit in einem ruhigen Gespräch, das kein Ziel hat und kein Ergebnis braucht:
„Der Mund des Gastes macht den Wein gut." (Martin Walser)

Dunkelstunden

Ich liebe meines Wesens Dunkelstunden,
in welchen meine Sinne sich vertiefen;
in ihnen hab ich, wie in alten Briefen,
mein täglich Leben schon gelebt gefunden
und wie Legende weit und überwunden.

Aus ihnen kommt mir Wissen,
dass ich Raum
Zu einem zweiten zeitlos
breiten Leben habe.
Und manchmal bin ich wie der Baum,
Der reif und rauschend, über einem Grabe
Den Traum erfüllt,
den der vergangne Knabe
(um den sich seine warmen Wurzeln
drängen)
verlor in Traurigkeiten und Gesängen.

(Rainer Maria Rilke)

Zeit des Wünschens

Wenn es Nacht wird
unter dem weiten Firmament
Ist alles möglich.
Und die Sternschnuppen werden
zum Versprechen des Himmels
Sie sprechen die Sprache der Glücklichen
im Himmel der Liebe.

Die Sprache der Sterne

„Die ist so reich, so schön;
Doch keiner der Philologen
Kann dieses Sprache verstehn.
Ich aber hab sie gerlernet,
Und ich vergesse sie nicht;
Mir diente als Grammatik
Der Herzallerliebsten Gesicht."

(Heinrich Heine)

Jeder braucht Liebe,

Beachtung, Zuneigung,
Segen, Ermutigung.
Der Abend
ist genau dafür empfänglich.
Er ist die Zeit,
sich selber etwas Gutes zu tun
und sich auf den Schlaf einzustimmen.
„Liebe, die den Körper nicht mit
einbezieht, ist überhaupt keine Liebe.“

(Carmen Berry)

Den Abend feiern

Nichts tun.
Feuer machen im Kamin,
die Wärme in sich hochsteigen spüren.
Sich in seine Bücher verlesen,
um Jean Paul zu widerlegen,
der gesagt hat:
„Es hat noch keinen Menschen gegeben,
der seine ganze Bibliothek gelesen hat.“

Lesen

„Das Haus war ruhig,
und die Welt war still,
Der Leser wurde das Buch;
die Sommernacht war
Wie das bewusste Sein des Buches.
Das Haus war ruhig,
und die Welt war still.“

(Wallace Stevens)

Spätlesen

Und die Alternative:
„Lieber Flaschen
als Briefe entsiegeln.“

(Jean Paul)

Die Sterne

hinter den Wolken suchen.
Den Hof des Mondes
in seinem Glanz wahrnehmen.

Der Mond

„Dein stilles Silberlicht
Erquickt mir mein Gesicht
O Mond, Gedankenfreund,
ich sehe dich von weiten
und winke dich zu mir
und bin nicht weit von dir
und denk an schönre Zeiten."

(Johann Wilhelm Ludwig Gleim)

Tagmond

Den Tagmond am Himmel schon als schimmerndes Vorzeichen der Nacht sehen: Vorbote einer Ruhe, die auch schon am Tag möglich ist.

„Stille ist nicht nur die Abwesenheit von Lärm, sondern ein Schweigen, das dem Menschen Augen und Ohren öffnet für eine andere Welt.“

(Serge Poliakoff)

Farben

Achte auf die Farbe
eines verdämmernden Tags:
„Selten ist ein ganzer Tag
aus einem Gewebe gesponnen;
meist sind der Nachmittag samt Abend
anders gefärbt als der Vormittag.“

(Jean Paul)

Ganz langsam

„Jeden Morgen ist man 18 Jahre alt,
abends 81.“ (Jean Paul)
Deswegen ist man am Abend
auch weiser als am Morgen.
Und deswegen sollte man den Abend
auch ganz langsam angehen.

Schlummerlied

Gelassen stieg die Nacht ans Land,
Lehnt träumend an der Berge Wand,
Ihr Auge sieht die goldne Waage nun
Der Zeit in gleichen Schalen stille ruhn;
Und kecker rauschen die Quellen hervor,
Sie singen der Mutter, der Nacht, ins Ohr
Vom Tage,
Vom heute gewesenen Tage.

Das uralt alte Schlummerlied,
Sie achtets nicht, sie ist es müd;
Ihr klingt des Himmels Bläue süßer noch,
Der flüchtgen Stunden gleichgeschwungnes Joch.
Doch immer behalten die Quellen das Wort,
Es singen die Wasser im Schlafe noch fort
Vom Tage,
Vom heute gewesenen Tage.

(Eduard Mörike, Um Mitternacht)

Das musst du wissen,
dass auf gute Nacht
ein guter Morgen kommt.

Geh sanft in diese ruhige dunkle Nacht

Gute Nachtgedanken

Die Nacht ist nicht das Ende des Tages.

Sie ist eine besondere Zeit,
der Anfang von etwas Neuem,
und etwas ganz Eigenes.
„Wer die Nacht nicht ehrt,
ist des Tages nicht wert.“

(Italienisches Sprichwort)

Zeit der Nacht – Zeit für den Menschen

Für die Tiere ist die Nacht eine Zeit der Angst vor den Feinden. Und noch der Mensch erfährt sich nachts ausgeliefert: den Träumen und dem Unbewussten. Noch immer hat diese Zeit des Dunkels seine Faszination. Von der Urgeschichte bis zum 19. Jahrhundert war das Feuer – im Ofen, als Kerze, als Gasleuchte – die einzige Möglichkeit, die Nacht zu erhellen.

Es geht darum, die Nacht als Zeit für den Menschen wieder zu entdecken. Als Zeit, die Antworten bereithält und Fragen an uns stellt. Es geht darum, die Sprache der Nacht wieder zu lernen, zu verstehen, was sie uns sagt. Reiner Kunze: „Jeder Tag ist ein Brief. Jeden Abend versiegeln wir ihn. Die Nacht trägt ihn fort. Wer empfängt ihn?“

Hinter der Dunkelheit leuchtet ein Geheimnis:

Der walisische Poet Henry Vaughan besingt das Geheimnis hinter der Dunkelheit und deutet die Sternbilder als „Gottes stillen, forschenden Flug wenn das Haupt meines Herrn voller Tau ist, und alle seine Locken feucht sind von den klaren Tropfen der Nacht.“

Hinter dem Schleier liegt eine neue Möglichkeit:

Der libanesische Dichter Khalil Gibran empfiehlt, die Augen offenzuhalten für das Geheimnis jeder Nacht:
„Im Grunde des Herzens eines jeden Winters liegt ein Frühlingsahnen, und hinter dem Schleier jeder Nacht verbirgt sich ein lächelnder Morgen.“

Voraussetzung jeder Entwicklung: Ruhe

Nacht ist der Raum des stillen
Wachstums.
Nährboden und Humus unserer täglichen
Aktivitäten und unserer Ziele.
Wir sind wie Blumen,
die nicht nur aus dem Licht der Sonne,
sondern auch aus dem dunklen Boden
ihre Kraft ziehen.

Licht aus Nacht!

Wladimir Solowjew hat diese geheimnisvolle Wirklichkeit in Verse gefasst:

„Auf schwarzen Schollen
Blühte nie der anmutsvollen
Rosen süße Pracht,
Würde nicht der Wurzel Drängen
Sich in dunkle Tiefen zwängen,
In des Erdreichs Nacht.“

Nur der Acker, der sich erholen kann
trägt eine reiche Ernte.

(Ovid)

Enthüllung

Weißt Du: Was das Leben wirklich ist,
Miss
Nicht nach Jahren.
Du kannst erfahren
In einer Nacht.

(Rainer Maria Rilke)

Nur eine Art von Licht

Auch die dunkle Nacht
kann ihre Erleuchtungen haben:
„Die schwärzeste,
stillste Stunde
war nur eine Art von Licht."

(E.L. Doctorow)

Die Nacht taucht alles in ein anderes Licht.

Sogar in der modernen Stadt:
„Die Dimensionen Zeit und Raum
scheinen sich nachts auszudehnen;
die Menschenmassen sind ausgedünnt,
der Rhythmus ist verlangsamt,
man findet leichter einen Parkplatz.“

(Alfred Alvarez)

Menschen bei Nacht

Die Nächte sind nicht
für die Menge gemacht.
Von deinem Nachbarn
trennt dich die Nacht,
Und du sollst ihn nicht suchen
trotzdem.
Und machst du nachts
deine Stube licht,
Um Menschen zu schauen
ins Angesicht,
So mußt du bedenken: wem.

(Rainer Maria Rilke)

Die Nacht hebt Unterschiede auf

Gegensätze verschwinden – auch unter Menschen: Ein Nachtlied der Ree-Indianer besingt die Harmonie der Welt:

„Alle diese sind verwandt,
alle diese sind Verwandte.
Du, die Macht dort, wo die Sonne
unergeht:
        Du bist eine Verwandte.

Du, die Macht dort, wo die Sonne
aufgeht:
        Du bist eine Verwandte …

Der Himmel ist unser Verwandter.
Die Erde ist unsere Verwandte.

        Wir sind alle verwandt.
        Wir sind alle eins.“

Ein gleiches

Über allen Gefilden
Ist Ruh,
In allen Wipfeln
Spürest du
Kaum einen Hauch;
Die Vögel schweigen im Walde.
Warte nur, balde
Ruhest du auch.

(Johann Wolfgang von Goethe)

O Trost der Welt, du stille Nacht!

Der Tag hat mich so müd gemacht,
Das weite Meer schon dunkelt,
Lasst ausruhn mich von Lust und Not,
Bis dass das ewge Morgenrot
Den stillen Wald durchfunkelt.

(Joseph von Eichendorff)

O Schlaf, o holder Schlaf!
Du sanfter Pfleger der Natur.

(William Shakespeare)

Vergnügtes Gähnen, süßer Schlaf

Das beste, was wir haben,
ist der Schlaf

Das dunkle, süße Dorf,

so nennen die Chinesen den Schlaf.
Bei den Denkern des Ostens wird der Schlaf zuweilen als der eigentliche, wahre Zustand des Menschen dargestellt, als Zustand, in dem Individuum und Universum eins sind – zuhause.
Zhuangzi, chinesischer Philosoph und Meister der Spiritualität, schrieb im vierten Jahrhundert unserer Zeitrechnung:
„Alles ist eins;
im Schlaf ist die Seele ungestört
sie ist aufgenommen in diese Einheit;
im Wachen hingegen ist sie abgelenkt
und sieht die verschiedenen Gegebenheiten der Welt.“

Diese drei

Der Himmel hat den Menschen als
Gegengewicht für die vielen
Mühseligkeiten drei Dinge gegeben:
die Hoffnung,
den Schlaf
und das Lachen.

(Immanuel Kant)

Schlaf –
Musik in vielen Sprachen:

Französisch »sommeil«;
italienisch »sonno«;
spanisch »sueño«;
portugiesisch »somno«;
rumänisch »somnul«,
schwedisch »somn«;
dänisch »sovn«;
russisch »son«;
polnisch »sen«;
bulgarisch »sun«;
serbo-kroatisch »san«;

tschechisch »spanek«;
hindi »sona«;
griechisch »hypnos«;
ungarisch »alvas«;
finnisch »uni«;
türkisch »uyku«;
hebräisch »shenah«;
japanisch »nemuri«;
chinesisch »shui jiao«;
telugu (südindische Sprache) »nidura«;
zulu »lala«.

Reines Glück

Süßer Schlaf!
Du kommst wie ein reines Glück,
ungebeten, unerfleht am willigsten.
Du lösest die Knoten
der strengen Gedanken,
vermischest alle Bilder
der Freude und des Schmerzes,
ungehindert fließt der Kreis innerer
Harmonien,
und eingehüllt in gefälligen Wahnsinn,
versinken wir
und hören auf zu sein.

(Johann Wolfgang von Goethe)

Glückseligkeit

Durch den Schlaf erhalten wir die Glückseligkeit, alle Tage von neuem geboren zu werden und jeden Morgen durch einen Zustand von Nichtsein in ein neues erfrischtes Leben überzugehen.

Mit Recht sagt der größte Philosoph unserer Zeiten: Nehmt dem Menschen Hoffnung und Schlaf, und er ist das unglücklichste Geschöpf auf Erden.

(Christoph Wilhelm Hufeland)

Eine Kunst

Keine geringe Kunst ist schlafen: Es tut schon not, den ganzen Tag daraufhin zu wachen. Zehnmal musst du des Tages dich selber überwinden: das macht eine gute Müdigkeit und ist Mohn der Seele.

Zehnmal musst du dich wieder mit dir selber versöhnen; denn Überwindung ist Bitternis, und schlecht schläft der Unversöhnte.

Zehn Wahrheiten musst du des Tages finden; sonst suchst du noch des Nachts nach Wahrheit, und deine Seele bleibt hungrig. Zehnmal musst du lachen am Tage und heiter sein: sonst stört dich der Magen in der Nacht, dieser Vater der Trübsal. Wenige wissen das: aber man muss alle Tugenden haben, um gut zu schlafen.

Und selbst, wenn man alle Tugenden hat, muss man sich noch auf eins verstehen: selber die Tugenden zur rechten Zeit schlafen schicken …

Kommt nun die Nacht, so hüte ich mich wohl, den Schlaf zu rufen! Nicht will er gerufen sein, der Schlaf, der der Herr der Tugenden ist! Sondern ich denke, was ich des Tages getan und gedacht.

Wiederkäuend frage ich mich, geduldsam gleich einer Kuh: Welches waren deine zehn Überwindungen? Und welches waren die zehn Versöhnungen und die zehn Wahrheiten und die zehn Gelächter, mit denen sich mein Herz gütlich tat?

Solcherlei erwägend und gewiegt von vierzig Gedanken, überfällt mich auf einmal der Schlaf, der Ungerufene, der Herr der Tugenden.

(Friedrich Nietzsche,
Also sprach Zarathustra)

Alles hat seine Zeit

„Es ist alles das selbe:
ob lebendig und tot,
ob wachend oder schlafend,
jung oder alt:
Denn dieses schlägt um in jenes
und jenes schlägt um in dieses.“

(Heraklit, Fragmente)

Warum schlafen wir überhaupt? Biologen vermuten, schuld sei die Tatsache, dass vor 300 Millionen Jahren die Amphibien das Wasser verließen und sich an die wechselnden Temperaturen gewöhnen mussten. Schlaf verbindet Mensch und Tier.

Verwandt mit aller Kreatur

„Ich schlafe wie ein Murmeltier.“ –
„Du Siebenschläfer!“ –
„Er schläft wie ein Bär.“
„Eine richtige Schlafkatze!“

Im Schlaf sind wir aller Kreatur verwandt.
Es ist etwas Beruhigendes,
ein schlafendes Tier zu beobachten,
eine Katze, einen Vogel.

Italo Calvino hat seinen Traum
vom Dasein so beschrieben:
„Einschlafen können wie ein Vogel,
einen Flügel haben,
unter den man seinen Kopf stecken kann,
eine Welt aus Zweigen,
die über der irdischen Welt baumeln,
die man da unten weiß,
friedfertig und entrückt.“

Zurück ins Paradies

Die Schönheit einer Katze:
Ihre Kunst, lebendigste Aktivität
unmittelbar übergehen zu lassen
in die Ruhe und Gelassenheit des Schlafs:
zusammengerollt,
den Körper umhüllt vom Schwanz,
ganz im Einklang mit sich selber –
nah am Paradies.
Schlafende Tiere sind
wie schlafende Kinder,
ein Bild des erträumten Urzustands:
Frieden und Vertrauen,
sichtbar im entspannten Körper.
Es gibt einen Weg
zurück ins Paradies.
Jeden Abend.

Dichterperspektiven

Der eigentlich hervorbringende, fruchtbare Teil unseres Daseins ist der Schlaf.

(Carl Zuckmayer)

Ohne Schatten gibt es kein Licht; Man muss auch die Nacht kennen lernen.

(Albert Camus)

Dass wir nicht noch kranker und noch verrückter sind, als es ohnehin der Fall ist, verdanken wir ausschließlich jener gesegneten und segensreichsten aller natürlichen Gaben, dem Schlaf.

(Aldous Huxley)

Nachtgefühl

„Wenn ich mich abends entkleide,
Gemachsam, Stück für Stück,
So tragen die müden Gedanken
Mich vorwärts und zurück.

Ich denke der alten Tage,
Da zog die Mutter mich aus;
Sie legte mich still in die Wiege.
Die Winde brausten ums Haus.

Ich denke der letzten Stunde,
Da werdens die Nachbarn tun;
Sie senken mich still in die Erde,
Dann werd' ich lange ruhn.

Schließt nun der Schlaf mein Auge,
Wie träum ich oftmals das:
Es wäre eins von beiden,
Nur wüsst ich selber nicht, was."

(Friedrich Hebbel)

Ist der Tod nur ein Schlaf,
wie kann dich das Sterben erschrecken?
Hast du es jemals gespürt,
wenn du des Abends entschliefst?

(Friedrich Hebbel)

Umarmung

In der Nacht
Umarmt mein Schlaf
Meines Lebens Sommerschatten.

(Sterbegedicht des japanischen
Zenmeisters Oto)

Zu sich kommen

„Ist es nicht wie ein Zaubernachen, der über Tag verdeckt und unscheinbar seinen Winkel einnimmt, und in dem wir jeden Abend hinausschaukeln auf das Meer des Unbewusstseins und der Unendlichkeit?"

(Thomas Mann)

Ein anderer Dichter zum gleichen Thema: „Man kriecht im Schlaf in sich hinein. Man ist also – sozusagen – ganz bei sich."

(Friedrich Hebbel)

Und der Gelehrte aus der Zeit der Romantik, F. A. Mesmer: „Könnte man nicht sagen, dass wir nur wachen, um zu schlafen?"

Die Sinnfrage

Was machen wir mit diesem angebrochenen Tag? Ich tat das Beste, was man, sobald diese Frage überhaupt auftaucht, tun kann: ich warf mich aufs Bett und schlief. Man sollte im Leben, ganz besonders aber auf Reisen viel häufiger davon Gebrauch machen, als es geschieht. Warum aber unterbleibt es? Weil … immer neunhundertneunundneunzig unter tausend wie eine ewige Kükeneierschale die Vorstellung mit sich herumtragen, dass man um zehn oder elf zu Bett gehen und um sechs oder sieben wieder aufstehen müsse. Wenige haben den Mut, zu essen, wenn sie hungern, noch wenigere den Mut zu schlafen, wenn sie müde sind. Alle haben wir eine Neigung, uns zum Sklaven der Stunde und der Überlieferung zu machen.

(Theodor Fontane)

Süßer Traum und saure Gurken

Der Dichter des Schlafes, Thomas Mann, legt dem biblischen Joseph voll orientalischer Phantasie Gute-Nacht-Wünsche in den Mund, 360 verschiedene im Jahr: Joseph wünscht als Sklave seinem Herrn etwa: „Friede und Süßigkeit deinem Schlummer. Mögen leicht, erheiternde Träume zeitweise in ihn verwoben sein." Und ein anderes Mal: „Möge die Nacht dich in sanften Armen wiegen und dein Haupt entschlummern an ihrer Brust, friedesüß, wie dein Kinderhaupt einst am Herzen der Mutter!" Oder: „Möge deine ermattete Zunge gelechzt werden von den murmelnden Quellen der Nacht!"

„Gute Nacht! Schlafe gut. Und träume süß von sauren Gurken!" – ist aber auch ein mögliches Motto, das schon manchen Schlummer eingeleitet hat.

„O, mordet nicht
den heiligen Schlaf!“

(Friedrich Schiller)

Schlafen, das wäre schön

Über die Schlaflosigkeit und wie man ihr begegnet

Nicht immer gelingt es

Es ist schön, von einer auf die andere Sekunde einzuschlafen, einfach so. Nicht immer gelingt es …

Schafe zählen hilft jetzt, so sagt man. Ich atme wieder ganz langsam tief und ruhig.

Inzwischen habe ich eine riesige Schafherde zusammen. Eine solche Herde ohne Hund ist eigentlich nicht denkbar.

Plötzlich bellt ein wirklicher Hund aus der Nachbarschaft. Warum muss dieses Tier ausgerechnet jetzt bellen, wo ich fast am Einschlafen bin? Es ist verrückt. Es wird irgendwer vorübergegangen sein, der ihm fremd ist. Es ist einfach ärgerlich, dass gerade in dem Augenblick ein Mensch mitten in der Nacht hier bei uns vorbeiläuft, den der Hund verbellt zu einem Zeitpunkt, wo ich meine Schafherde beinahe zusammen habe.

Vielleicht war es auch nur ein Betrunkener, der Kummer hatte.

Irgendwann schlafe ich trotz allem ein. Es ist wie auf einem wendigen Segelschiff, das so ganz langsam und von einem blauen Wind getragen sich in der Weite der kleineren Wellen verliert. Das kräuselnde Plätschern am Bug kann dem starken Schlaf nichts anhaben. Es ist ein absolut glückliches Gefühl, derart dahinzugleiten.

(Kurt Hock, Vermeintliches Rufen)

Menschlich-allzumenschlich

Durch alle Zeiten hindurch und in den verschiedensten Kulturen finden wir die Tendenz, diejenigen zu loben, die den Schlaf bezwingen. Nachtwachen sind asketische Leistungen; nicht in den Schlaf zu verfallen gilt als Zeichen von Stärke. Ethnologen berichten von australischen Stämmen, bei denen junge Männer während den Initiationsriten drei Nächte lang nicht schlafen durften. Der große mesopotamische Held Gilgamesch soll auf seiner Suche nach Unsterblichkeit die Auflage erhalten haben, während sechs Tagen und sechs Nächten ohne Schlaf auszukommen. Da der Schlaf ihn trotzdem vorzeitig übermannte, musste er bei den Sterblichen bleiben. Schlaflosigkeit – ein Zeichen der Götter. Schlaf als menschlich-allzumenschlicher Zustand.

Paradiesisch

Hildegard von Bingen sieht es so: Vor dem Sündenfall sei Adams Schlaf ein „Schlaf zur Versenkung“, also ein kontemplativer Schlaf, gewesen (ebenso wie die Nahrung nur eine Nahrung zum Anschauen gewesen sei): alles nur, um den Menschen geistig-seelisch zu erfreuen und zu erbauen. Der Sündenfall habe den Körper des Menschen schwach und gebrechlich gemacht wie den eines Toten im Vergleich zu einem Lebenden. Jetzt habe der Mensch Stärkung durch Nahrung und Schlaf nötig.

Schlaf als Folge der Sünde? Immerhin: Wer schläft, sündigt nicht. Man muss die Meinung Hildegards nicht teilen. Und kann den Schlaf auch als Erinnerung an das Paradies sehen.

Tipps eines Dichters zum Wiedereinschlafen

Schwieriger als das Einschlafen ist das Wiedereinschlafen, wenn man erst einmal schlaflos liegt. Alles läuft, nach Jean Paul, auf die Kunst hinaus, sich selber Langeweile zu machen.

Erster Rat ist, langsam zu zählen. „Diese Beobachtung höchstmöglicher Faultierlangsamkeit ist wohl Kardinalregel aller Einschläfermittel überhaupt."

Der zweite Tipp: Hören des Hörens, d.h. sich in Gedanken ein Lieblingslied oder eine Trauermusik vorsingen.

Ein weiterer Trick: Sich etwas nach einem bestimmten Muster vorsagen. Z.B.: Wenn die Wolken fliegen, wenn die Nebel fliehen, wenn die Bäume blühen, etc. Wichtig dabei: „Darauf lass ich aufs Wenn kein So folgen, sondern nichts, nämlich Entschlafen ...“

Wer aus einem Traum erwacht und nicht wieder einschlafen kann, soll versuchen, sich wieder in den Traum zu versenken, ihn also zu wiederholen suchen. Jean Paul verspricht: „Bald wird die Welle des neuen Traumes wieder anfallen und dich in ihr Meer fortspülen und eintauchen. Der Traum sucht den Traum. Im großen Schatten der Nacht spielt jeder Schatten mit uns Sterblichen und hält uns für seinesgleichen.“

Aktive Imagination hilft: „Hefte dein inneres Nachtauge lange auf einen optischen

Gegenstand, z.B. auf eine Morgenaue, auf einen Berggipfel, es wird sich schließen."

Ein anderer Weg braucht Übung: „Man schaut nämlich bloß unverrückt in den leeren schwarzen Raum hinein, der sich vor den zugeschlossnen Augen ausstreckt. Nach einigen Minuten, wenn nicht Sekunden, wird sich das Schwarze färben und erleuchten und so den Chaos-Stoff zu den bunten Traum- und Empfindungsbildern liefern, welche in den Schlaf hinüberführen."

Demjenigen, der nicht schlafen kann, weil er etwas wichtiges vorhat, eine Reise oder eine Prüfung, rät Jean Paul, im Bett nur an Vergangenes zu denken:„ Eure Vergangenheit könnt ihr daher – zu große Tiefen und Höhen darin ausgenommen – mit Vorteil vor dem Einschlafen durchlaufen; aber nicht an den kleinsten Plan und Brief und Aufsatz des nächsten Morgens denken."

Immer hilft: Sich nicht in eine Sorge verbeißen und lieber die Gedanken von Gegenstand zu Gegenstand springen lassen: „der Geist lässt das Organ auszucken in Bildern."

Das Rauschen von Wasserfällen zu imaginieren hilft. Wem das nicht gelingt, den weist Jean Paul hin auf die „Pulsadern-Springbrunnen und Blutadern-Wasserfälle, welche unaufhörlich dicht neben unsern Ohrnerven rauschen, und die jeder – sogar am Tage mit einiger Aufmerksamkeit nach Innen, aber noch lauter in der Nacht auf dem Kopfkissen – vernehmen kann. Nun auf dieses innere Rauschen richte ein Beflissner des Wiedereinschlafens recht bestimmt sein Seelenohr; – und er wird mir danken, wenn er erwacht, und es rühmen, dass er durch mich früher eingeschlafen."

Ein letzter Tipp, den jeder gebrauchen kann, besteht darin, „dass man die fünf Finger, einen nach dem andern, langsam auf oder unter dem Deckbette auf- und niederbewegt und fortfährt und daran so lange denkt, bis man, ohne daran zu denken, an kein Aufheben und Achtgeben mehr denkt, sondern schnarcht."

Robert Walsers Vorschlag läuft auf die paradoxe Intervention hinaus, wie sie von der Psychotherapie genutzt wird: „Um wirklich einschlafen zu können, bemühte ich mich immer wieder, die Augen ganz groß zu öffnen. Auf einmal schlief ich fest."

Nicht anstrengen, um zu schlafen, sollte man sich also. Sondern sich anstrengen, ja nicht einzuschlafen.

Karl Kraus hatte ebenfalls sein erprobtes Mittel: „Man zeichne die Figuren in die Luft, die der Schlaf am liebsten hat; ohne das absurdeste Spielzeug steigt er nicht ins Bett: ein Kalb mit acht Füßen, ein Gesicht, dem die Zunge bei der Stirn heraushängt, oder der Erlkönig mit Krone und Schweif. Man stelle die Unordnung her, die der Schlaf braucht, ehe er sich überhaupt mit unsereinem einlässt ...“

Mittel, sich zum Gähnen zu bringen

Schäfchen zählen ist gut. Aber so monoton, dass sich Gedankenabschweifungen einstellen. Und wenn die ausschweifend interessanten Charakter haben ist es vorbei mit dem Einschlafen. Eine Alternative: Sich Schlafworte vorsagen:

Schlafanzug, Schlafbewegung, Schläfchen, Schlafdecke, Schläfe, Schlafengehen, Schlafenszeit, schläfern, schlaff, Schlafforschung, Schlafgast, Schlafgelegenheit, Schlafkammer, Schlafkatze, Schlafklinik, Schlafkoller, Schlafkrankheit, Schlaflabor, Schlaflosigkeit, Schlafmaske, Schlafmaus, Schlafmedizin, Schlafmittel, Schlafmohn, Schlafmütze, schlafmütterlich, Schlafpulver, Schlafratte, Schläfrigkeit, Schlafrock, Schlafsaal, Schlafsack, Schlafstadt,

Schlafstatt, Schlafstörung, Schlafsucht, Schlaftablette, Schlaftherapie, Schlaftier, Schlaftrunk, Schlafwagen, Schlafwandeln, Schlafzentrum, Schlafzimmer, Abschlaf- fen. Einschlafen!

Wenn das alles noch nicht hilft

- Das Telefonbuch von hinten her lesen.
- Oder das Bürgerliche Gesetzbuch.
- Leitartikel einer alten Zeitung.
- Die Ilias in einer antiquierten Übersetzung.
- Oder etwas aus einem Gebiet, das dir zuwider ist: Physik oder Chemie. Aber auch Diätpläne, eine juristische Zeitschrift, Genomsequenzen sind möglich.
- Die Gebrauchsanweisung des Videorekorders.

- Börsenkurse (wenn du nichts investiert hast)
- Abendlieder summen.
- Reime suchen auf Wörter, die dir gerade einfallen.
- Krimis in Reichweite haben, die du schon mehrfach gelesen hast.
- Die Betten zählen, in denen man die letzten zehn Jahre geschlafen hat.
- Ein Mantra rezitieren.

Wille oder Pille

Den Schlaf nicht der Chemie anvertrauen.
Sagen die einen. Und sie haben Recht.
Dagegen steht Wilhelm Busch:
„Viel besser als ein guter Wille
Wirkt manchmal eine gute Pille.“

Das beste Mittel
gegen Schlaflosigkeit
ist viel Schlaf.

(Volksweisheit)

„Lösch aus dein Licht und schlaf!
Das immer wache Geplätscher nur
vom alten Brunnen tönt.“

(Hans Carossa)

Der Schlaf ist wie eine Taube:
streckt man die Hand ruhig
nach ihr aus, setzt sie sich drauf;
greift man nach ihr, fliegt sie weg.

(W. E. B. Du Bois)

Was den Schlaf gelingen lässt

Tipps zum Einschlafen

Das Beste

„Viele Dinge – solche wie Lieben, Einschlafen, natürliches Benehmen, misslingen meistens, wenn wir uns am meisten darum bemühen."

(C. S. Lewis)

Trotzdem kann man den rechten Umgang mit dem Schlaf auch lernen. Wir sollten es: „Das beste, was wir haben ist der Schlaf."

(Volksmund)

Das rechte Maß

„Schlaf und Wachheit sind als Krankheit zu betrachten, wenn sie im Übermaß auftreten", hat der antike Arzt Hippokrates gesagt. Aber was ist das rechte Maß des

Schlafes? Im Mittelalter gab es Ratgeber, die bestimmten dem Jünglinge und Greise fünf Stunden, dem Kaufmann sechs, den Edelleuten sieben, und dem faulen und ganz geschäftslosen Menschen acht Stunden. Und Volkes Stimme – bis heute: „Wer länger schläft als sieben Stund, verschläft sein Leben wie ein Hund." „Sechs Stunden für einen Mann, sieben für eine Frau, acht für einen Narren", lautet ein viktorianisches Sprichwort.

Sicher ist nur: Der große Descartes fand nichts dabei täglich 16 Stunden im Bett zu liegen, weil er fand, hier könne er am besten nachdenken. Und neueste Studien zeigen: Verliebte brauchen weniger Schlaf.

Es lohnt sich also, darüber nachzudenken, wie wir uns im Bett wohlbefinden.

Der kleine Tipp

Vor dem Schlafen kurz die Fenster weit öffnen. Frische Luft durchs Fenster strömen lassen. Wer viel Sauerstoff einatmet, wird sich tief erholen.

Der Abendspaziergang – die beste Vorbereitung auf den Schlaf. Halten wir uns an Johann Wolfgang von Goethe: „Ein einziger Tapp im Dunklen ist oft mehr wert als ein Spaziergang am schönsten Sonnentag."

Ruhiges Schlendern in der Nähe der eigenen Wohnung. Eine Runde drehen, und dabei das, was man getan hat am Tag, noch einmal gegenwärtig machen, damit der Tag sich rundet. Das gute Gefühl mitnehmen, dass alles erledigt ist. Sich einhüllen lassen von der Nacht, wie von einem Mantel.

Im Licht der allmählich aufkommenden

Dämmerung der späten Sommertage auf dem Balkon sitzen und mit allen Sinnen spüren, wie die Nacht sich über die Geräusche des Tages legt, wie die Ruhe ganz allmählich einkehrt und langsam immer mehr Lichter in den Häusern angehen.

Sport nach der Arbeit macht den Kopf frei vom Tagesstress. Aber nicht unmittelbar vor dem Schlafen joggen – weil sonst der Körper nicht zur Ruhe kommt. Die Schlafforschung weiß: Mangel an Bewegung und zu geringe körperliche Auslastung kann zu Schlaflosigkeit führen.

Es muss nicht immer Kamillentee sein.

Warum nicht auch mal Hopfentee?

Hopfen entspannt. Und beruhigt die Nerven.

Auch ein Gläschen Wein vor dem Schlafengehen kann das Einschlafen begünstigen. Größere Mengen von Alkohol wirken sich allerdings schlafstörend aus. Schlafforscher haben festgestellt: Alkohol setzt die Hirnaktivität herab. Und ein allzu kräftiger „Schlaftrunk" vor dem Einschlafen kann Aufwachreaktionen, Alpträume und morgendliche Kopfschmerzen verursachen.

Für alle, die auf Kräutertee nicht schwören und trotzdem Wärme suchen: Ein warmes Fußbad vor dem Schlafengehen.

Am besten: Das heiße Zehnminutenfußbad mit Senfmehl oder zerstoßenen Senfkörnern. Das fördert die Durchblutung –

und ist ein bewährtes Hausmittel. (Danach warme Socken anziehen, damit die Wärme bleibt.)

Auch eine Fußmassage kann helfen.

Wer kalte Hände und Füße hat, schläft schlecht ein: „Kalte Füße können die Phantasie kalt machen und ein paar wollene Fußsocken können mir gute Gedanken bringen“ (Franz Grillparzer): Also für eine Wärmflasche an kalten Tagen sorgen. Und die gibt‘s nicht nur im Winter.

Was der Entspannung hilft

Unser Körper braucht bis zu 12 Stunden, um die Koffeinstoffe abzubauen. Schlafforscher sagen: Koffein regt die Hirntätigkeit an und wirkt sich negativ auf den Schlaf aus. Koffeinhaltige Getränke wie Kaffee, Tee und Cola sowie Medikamente, die Koffein enthalten, sollten drei bis vier Stunden vor der Schlafenszeit grundsätzlich nicht mehr eingenommen werden.

Auch Champagner und Sekt sind ein Putsch gegen die Nachtruhe. Viel zu aggressiv für guten Schlaf. Wie wäre es mit einer sanften Alternative?

Vielleicht doch ein heißer Kamillentee? Der lullt ein und schafft inneren Frieden.

Körpermassage

am Abend bereitet auf den Schlaf vor. Zum Beispiel eine Stirnmassage. Oder eine Massage der Füße. Zum Beispiel mit dem Öl der Bitterorangenblätter.

Ein Lavendelbad

vor dem Einschlafen entspannt die Muskulatur nachhaltig. Ein Tropfen Lavendel im Kopfkissen verlängert die sanfte Entspannung und befördert die Träume.

In den letzten zwei Stunden vor dem Zu-Bett-Gehen: Ein Entspannnungsbad nehmen. Den Duft der aufsteigenden Essenz genießen. Im warmen Wasser den Körper spüren. Beim Baden wird die Haut besonders aufnahmefähig. Die Essenzen können ihre Wirkung gut entfalten.

Teetrinken und abschalten.

Tee beruhigt, auch wenn die Seele aufgewühlt ist.

(Grünen Tee etwa fünf Minuten ziehen lassen, und wenig Teeblätter nehmen, damit er nicht zu bitter wird.) Ein Heilmittel gegen Stress und Sorgen: „Tee lässt Tränen versiegen und stillt den Durst.“ (Jeanine Larmoth)

Lächeln entspannt.

Lachen erzeugt Endorphine: das Glückshormon beruhigt. Ein wirklich lustiger Film am Abend entspannt und kann selbst bei chronisch Schlaflosen Wunder tun.

Alte und neue Rituale

Kinder brauchen Einschlafrituale.

Erwachsene ebenso.

Das kann Zähneputzen sein. Das Gassi-Gehen, mit und ohne Hund. Eine Lieblingsplatte. Oder die letzte Tagesschau.

Gewohnheiten sind immer gut. Aber auch erfinderisch darf man sein.

Selbstverständliches Abend-Ritual unserer Vorfahren: das Abendgebet.
Absehen von sich selber.
Danken für das, was war.
Fragen, was nicht richtig war.
Und so mit sich ins Reine kommen,
und mit dem, was war.
Die Seele frei machen und sich öffnen.
Das sichere Gefühl, auch im Dunklen
geborgen zu sein.

Umkehrgebet

„Kein Gebet
wird mich am Abend
trösten
und kein Baum
mich verstehn.“

Warum diese Zeilen aus einem Gedicht
Thomas Bernhards nicht umkehren?:
Ein Gebet
möge mich am trösten
am Abend
und ein Baum
mich verstehn.

Sabbatgedanken

Die frommen Juden weihten bereits den Nachmittag des Sabbat der Ruhe, damit der Abend zum Höhepunkt werden konnte. In einem Nachmittagsgebet für den Sabbat geben sie dieser Ruhe sogar etwas Göttliches:

„Ruhe der Liebe und Fülle,
Ruhe der Wahrheit und der Wahrhaftigkeit,
Ruhe des Friedens,
der Sorglosigkeit,
der Sicherheit,
und des Vertrauens.
Vollkommene Ruhe ist es, woran du Gefallen hast,
Deine Kinder wissen, dass ihre Ruhe von Dir ist,
und um ihrer Ruhe heiligen sie Deinen Namen."

Mit und ohne Uhr

Ganz bewusst
Die Uhr ticken hören
und sich das Kopfkissen
zurechtmodellieren.

Der Rat der Schlafforschung: Menschen, die an Schlaflosigkeit leiden, sollten vermeiden, auf die Uhr zu sehen. Viele Menschen, deren Schlaf gestört ist, schlafen besser, wenn der Zeitdruck entfällt. Sie sollten den Wecker verstecken – z.B. im Kleiderschrank, um den Drang zur Kontrolle der Uhrzeit zu unterbinden.

Herzpochen

Liegen – und auf den Rhythmus des eigenen Herzens achten, der sich beruhigt, den eigenen Atem verfolgen und nachspüren, was er uns sagt.

„Ich höre das Herz des Himmels/pochen/ in meinem Herzen." (Rose Ausländer)

Wozu Schlafforscher raten

Das Schlafzimmer ist kein Esszimmer, kein Fernsehraum und keine Bibliothek. Im Bett sind nur Schlafen und Sex erlaubt. Obwohl der Kreislauf angeregt und Hormone in Umlauf gebracht werden: Sex macht nicht nur glücklich und müde, sondern drängt auch Probleme, die unser Gehirn beschäftigen und uns am Einschlafen hindern, in den Hintergrund.

Das ideale Schlafzimmer: ruhig, abgedunkelt, gut gelüftet und nicht zu stark geheizt.

Das ideale Bett: genügend groß und nicht zu weich. Bequemes Bett und dunkler Raum sind wichtige Voraussetzungen für einen guten Schlaf. Belästigungen durch starke Lichtquellen im Schlafzimmer lassen sich leicht mit einfachen Mitteln beseitigen, wie z. B. schwarzen Vorhängen und dämmbarem Licht. Lärmbelästigung kann mit Ohrstöpseln, aber auch mit Hilfe von Hintergrundmusik reduziert werden.

Bei Einschlafschwierigkeiten:

Sich auf dem Rücken legen: die Atmung (und damit die Entspannung wird) viel tiefer sein. Die Hände auf die Bauchdecke, die langsame Bewegung mit allen Sinnen mitvollziehen. Die Rückenlage hat zudem den Vorteil: Man verspannt sich nicht.

Pfarrer Kneipp empfiehlt:

Schon im Bett – die Beine vom Knöchel bis zum Knie mit einem nassen Tuch einreiben.

Das wirkt Wunder.

Nicht vergessen: Regelmäßigkeit

Der Schlaf ist Teil eines biologischen Tagesrhythmus, sagt die Forschung. Er sollte jeweils in der gleichen Periode des 24-Stunden-Zyklus erfolgen. Unregelmäßige Schlafzeiten wirken sich negativ auf den Schlaf aus."

Übrigens:

Wussten Sie, dass Schlafzimmer für einfache Menschen bis ins 20. Jahrhundert unerschwinglicher Luxus waren und dass richtige Betten erst im Mittelalter populär wurden – allerdings nur für Adelige. Also: Genießen Sie Ihr Bett.

Und wann?

Nicht zu früh ins Bett –
nur weil es langweilig ist.
Oder weil der Partner knatscht.
Aber auch nicht zu spät:
Gerade in Zeiten von Anspannung:
Jeden Tag zur gleichen Zeit ins Bett gehen
und zur gleichen Zeit aufstehen.

Der Magen spielt mit

Frühstücken wie ein König.
Mittagessen wie ein Bürgersmann.
Und Abendessen wie ein Bettler.

Ein Rezept der Schlafforscher:

Volle Mahlzeiten kurz vor dem Schlafengehen sollten ebenso vermieden werden wie üppige Mahlzeiten und schwer verdauliches Essen während des Tages, da sie zu Ein- und Durchschlafschwierigkeiten führen können. Dagegen kann eine leichte Mahlzeit vor dem Schlafengehen den Schlaf durchaus fördern. Zu reichliches Essen und zu scharfe Gewürze können die Verdauung nachts belasten.

Aber: Ein Magen der knurrt, kann den Schlaf genauso durcheinanderbringen wie ein überfüllter Magen.

Und auch das geht: Einmal ganz auf das Essen am Abend verzichten.

Sehr alte Weisheit:

„Bei genügsamer Kost wird
die Nachtruhe nie verkürzt.“

(Demokrit)

Bettvergnügen:

Sanftes Massieren der Ohrläppchen:
Ohrringe ablegen
und beide Ohrläppchen sanft zwischen
Daumen und Zeigefinger kneten.
Dann die massierenden Bewegungen an
den äußeren Ohrrändern fortsetzen, bis
zum oberen Ende, und wieder zurück zum
Ohrläppchen:
„Gott hat es so eingerichtet, dass alles
Vergnügen unschuldig ist.“

(Caroline Norton)

Sieben Helfer

Der kleine Abendluxus:
Ins frisch überzogene Bett schlüpfen und
vor dem Einschlafen eine Wohlfühlliste
ausdenken:

Sieben Dinge,
die dir Freude machen.

Sieben Menschen,
die du magst.

Sieben Dinge,
die schön waren am
abgelaufenen Tag.

Sieben Verwöhnideen
für das nächste Wochenende.

Und dann voller Vorfreude einschlafen.

Von den Chinesen lernen

„Zuerst lass deine Gedanken ruhen.
Dann deine Augen."

(Chinesisches Sprichwort)

Während ich einnicke,
gleitet mir das Buch aus der Hand.

(Chinesisches Gedicht)

Schlecht schläft der Unversöhnte.

(Friedrich Nietzsche)

Süßes Vergessen, seliger Frieden

Sorge dich nicht – schlafe

»Wie neu geboren«

So fühlen wir uns
nach einem guten Schlaf.
Der Kirchenvater Augustinus sagt:
„Ich schlief ein
und bin wieder aufgewacht,
und ich fand meinen Schmerz gar sehr
gemildert.“

Dazu fügt er ein Wort aus einem Hymnus
des Ambrosius an:
„Dass müden Gliedern stille Ruh
zum Tagwerk neue Kräfte gibt,
sich hebt gequälter Seelen Last
und bange Trauer leis sich löst.“

Und Thomas von Aquin – einer der größten Geister des Abendlands – kommt in einer gelehrten Abhandlung der Frage: „Werden Schmerz und Trauer durch Schlaf und Bäder gemildert?“ zu der Antwort: „Bett und Schlaf sind wirkliche Heilmittel. Sie wirken über den Körper auf die Seele.

Weil durch das Heilmittel des Schlafs die Natur in ihren wahren Zustand zurückversetzt wird, verursacht dies Lust.

Da nun jede Lust die Trauer mildert, wird auch durch dieses körperliche Mittel des Schlafs die Trauer gelindert.“

Reinen Herzens

Mein Herz gereinigt –
Jetzt spiegelt es
Den Mond.

(Letztes Gedicht des japanischen Zenmeisters Renseki)

Während des ersten Teils der Nacht
Denk über deine eignen Fehler nach;
Während der weiteren (am besten, wenn du schläfst) über die der anderen.

(Chinesisches Sprichwort)

Am Abend zu lesen

Sei dennoch unverzagt. Gib dennoch unverloren.
Weich keinem Glücke nicht. Steh höher als der Neid.
Vergnüge dich an dir, und acht es für kein Leid,
Hat sich gleich wider dich Glück, Ort und Zeit verschworen …

Was klagt, was lobt man doch?
Sein Unglück und sein Glücke ist ihm ein jeder selbst. Schau alle Sachen an.
Dies alles ist in dir, lass deinen eitlen Wahn,
Und eh du vörder gehts, so geh in dich zurücke.
Wer sein selbst Meister ist, und sich beherrschen kann,
Dem ist die weite Welt und alles untertan.

(Paul Fleming)

Lass die Sorgen

Aus dem 14. Jahrhundert stammt das
Gedicht des Zenmeisters Mumon Gensen:
„Ein treibender Mond
Auf seiner Himmelsbahn.
Wenn du zuviel darüber nachdenkst,
Welche Bedeutung dies wohl hat,
Wirst du für immer gebunden sein,
Wie ein Esel in seinem Pflock."

*Die Nacht ist ein Löschblatt
für viele Sorgen.*

(Sprichwort aus Litauen)

Verbeugung

Auch am Ende eines Tages könnten wir dem Leben danken, so wie ein japanischer Zenmeister des 18. Jahrhunderts es im Angesicht seines Todes dem Leben gegenüber tat:

„Dem Leben Dank zu sagen
Wende ich mich zurück
Und verbeuge mich nach Osten.“

(Zenmeister Goshi)

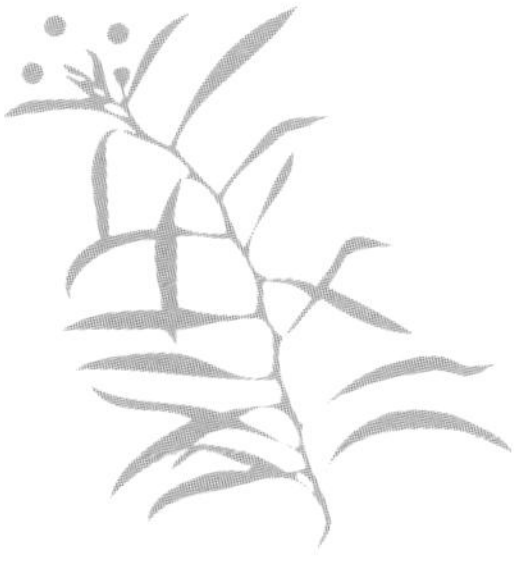

Nach einem ganz normalen Tag

„Ganz normaler Tag, lass mich wahrnehmen, welch ein Schatz du für mich bist. Lass nicht zu, dass ich dich verstreichen lassen auf der Suche nach einem perfekten und unerreichbaren Morgen."

(Mary Jean Irion)

Müdigkeit ist eine Erfahrung, die uns mit der Natur verbindet – und uns in einen seligen Schlaf sinken lässt. Die Frage von Katherine Mansfield darfst du dir auch selber stellen: „Glaubst du, dass Gänseblümchen glückselig müde sind, wenn sie sich schließen für die Nacht und der Tau auf sie herabsinkt?"

Loslassen, wenn andere Menschen einen beschimpft haben. Nach dem Vorbild Jean Pauls: „Ich bin ein Narr? Wenn ich dies bin: so seien Sie gewiss, Sie sind ein Weiser!“

Nacht als Raum des Friedens – und der Befriedung: Der russische Religionsphilosoph Pawel Florenski, nahm dies am 14. August 1922 sogar als Nachtrag in sein Testament auf, als Vermächtnis an seine Kinder: „Betrachtet so oft Ihr könnt, die Sterne. Wenn Euch schwer ums Herz ist, betrachtet die Sterne oder bei Tage den blauen Himmel. Wenn Ihr betrübt seid, wenn man Euch beleidigt, wenn Euch etwas nicht gelingt, wenn ein Sturm in Eurer Seele tobt, tretet hinaus ins Freie und bleibt allein mit dem Himmel. Dann wird Eure Seele zur Ruhe kommen.“

Versöhnung

Der Abend ist eine gute Zeit zur Versöhnung, die den Tag reicher macht. Achim von Arnim weiß es: „Die Versöhnung war immer noch reicher als der Streit“.

Versöhnung, o Versöhnung, ihr gütigen
Ihr immergleichen Götter, und haltet ein
weil ihr die reinen Quellen liebt.

(Friedrich Hölderlin)

Ausgesöhnt die ganze Welt

Nichts Böses mit in die Nacht nehmen:
Es gilt das alte Sprichwort:
„Gutes Gewissen – das beste Ruhekissen."

Unser Schuldbuch sei vernichtet!
Ausgesöhnt die ganze Welt!
Brüder – überm Sternenzelt
Richtet Gott, wie wir gerichtet.

(Friedrich Schiller)

Glaubt es doch!

„Versöhnt euch mit den Menschen, dann erst könnt ihr euch versöhnen mit Gott; vergebt euren Schuldnern, dann erst werden eure Schulden euch vergeben, rechnet nicht mit den Brüdern, wenn ihr nicht wollt, daß der Herr rechne mit euch! Zögert nicht, zaudert nicht; wie ein Dieb in der Nacht kommt der Herr. Glaubt es doch!"

(Jeremias Gotthelf)

„Wenn deine Seele heute Nacht
im Schlaf ihre Ruhe findet,
wenn sie ins süße Vergessen sinkt
und am Morgen wie eine frische Blüte erwacht,
dann bist du wieder in Gott getaucht
und neu erschaffen worden."

(D. H. Lawrence)

Das Vergessen im Schlaf – eine Chance
für den inneren Frieden:
„Vergessenheit! Versöhnerin!"

(Friedrich Hölderlin)

„Die große schöne Versöhnungsstille
über uns, – die Dämmerung, die immer
breiter ward und größer."

(Bettina von Arnim)

„Wir wollen uns versöhnen die Nacht,
Wenn wir uns herzen, sterben wir nicht."

(Else Lasker-Schüler)

Auch dann

Und wenn heute auch etwas richtig schief gelaufen ist: Das Leben geht weiter. Und es gibt neue Chancen.

„Wenn man bedenkt, dass eine Schlacht alle Wirkungen einer früheren wieder aufheben kann: Himmel, wie viel Schmerzen um ein Nichts.“

(Jean Paul)

Auch wenn es heute Probleme gab: Vielleicht schaut morgen alles ganz anders aus. „Gar mancher Schwierigkeit entweicht man durch das hübsche Wort vielleicht“.

(Wilhelm Busch)

Keine Ruhestörung

Der Philosoph Seneca:
„Wonach hältst du Ausschau? Wonach streckst du dich. Alles Künftige ist ungewiss. Lebe jetzt gleich."
Also: Lege die Erwartung heute Abend ab. Schlafe.

Auch über Wahrheiten kann man eine gütige Decke breiten. „Der ist ein Ruhestörer, wer die Bettdecke von der schlummernden Wahrheit wegzieht."

(Ludwig Börne)

Ambros Bierce hat gesagt: „Ruhen ist: aufhören, andere zu belästigen."
Also: Höre nachts auf, dich zu belasten.

Misstrauen ablegen

Schlaf – die Augen schließen und ruhen lassen: „Augen sind für gewöhnlich das Vergrößerungsglas für fremde Fehler."

(Zarko Petan)

Vorsicht und Misstrauen sind gute Dinge, nur sind auch ihnen gegenüber Vorsicht und Misstrauen nötig.

(Christian Morgenstern)

Der kleinste Hügel vermag uns die Aussicht auf den Chimborasso zu verdecken.

(Marie von Ebner Eschenbach)

Wirf den Stein von heute weg

Wer unter Druck steht bleibt unruhig. Verbitterte Menschen schlafen schlecht. Auch unter Schlafaspekten ist also der Rat des spanischen Lyrikers Juan Ramon Jiménez bedenkenswert:

„Wirf den Stein von heute weg.
Vergiss und schlafe.
Wenn es Licht ist, wirst du ihn
Morgen wiederfinden,
Zur Dämmerzeit,
In Sonne verwandelt.“

Happy end

Eine Geschichte sei erst dann zu Ende gedacht, wenn sie ihre schlimmstmöglichste Wendung genommen habe, sagt der Dramatiker Friedrich Dürrenmatt.

Es geht auch anders: Ein Tag ist erst dann zu einem guten Ende gekommen, wenn du seinen angefangenen Möglichkeiten in Gedanken vor dem Einschlafen die bestmögliche Wendung gegeben hast.

Sorgen ablegen wie die Kleider

„Wirf weg, damit du nicht verlierst!
ist die beste Lebensregel"

(Friedrich Hebbel)

In unserem Leben ändert sich viel. Wir selber ändern und von Tag zu Tag, von Jahr zu Jahr. Aber soviel sich in mir und um mich herum auch ändert:

Es ist derselbe Mond, es sind die gleichen Sterne, die jede Nacht auf mich herabsehen, unverändert, seit meiner Geburt.

Eine Vorstellung, die gelassen macht.

Der Hund, der den Mond anbellt:
„Belle, belle nur zu,
doch wie du, Köter, auch bellest
kriegst du den Mond nicht herab,
kommst du zu ihm nicht hinauf.“

(Franz Grillparzer)

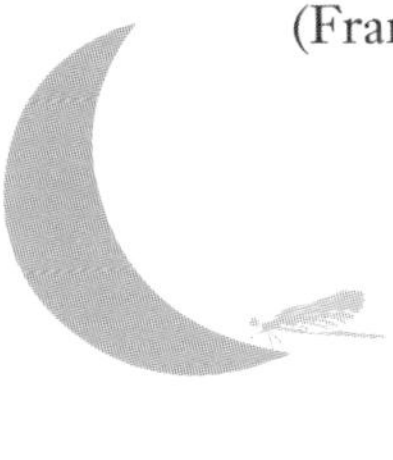

Auch ein Nachtgebet:

„Gib mir die Gelassenheit,
Dinge hinzunehmen,
Die ich nicht ändern kann;
Gib mir den Mut,
Dinge zu ändern,
Die ich ändern kann,
Und gib mir die Weisheit,
Das eine vom anderen
Zu unterscheiden!“

(Friedrich Christoph Oetinger)

Lass gut sein

Die Nacht legt uns die Hand auf.
Sie streichelt den ganzen Körper
Sie beruhigt und tröstet für die Dauer
des Schlafs.
Sie schließt alle Wunden für diese Nacht
und sagt: Lass gut sein.
Träum etwas Besseres.
Lass los.
Es ist gut.

Warum finden so viele Menschen im Schlaf ihr Glück? Vielleicht liegt die Antwort in einer Einsicht von Iwan Sergejewitsch Turgenjew: „Seit ich nicht mehr mich selbst suche, führe ich das glücklichste Leben, das es geben kann."

„Denn ein Traum ist alles Sein,
Und die Träume selbst
ein Traum“

(Calderón de la Barca)

Träume sind Briefe an uns selbst

Sprache und Weisheit der Träume

Wir sind aus solchem Zeug wie das zu Träumen,

Und Träume schlagen so die Augen auf
Wie kleine Kinder unter Kirschen-
bäumen,
Aus deren Krone den blassgoldnen Lauf
Der Vollmond anhebt durch die grosse
Nacht.
Nicht anders tauchen unsre Träume auf.

(Hugo von Hofmannsthal)

Der Beweis

Wenn ein Mensch im Traum das Paradies
durchwanderte,
und man gäbe ihm zum Beweis,
daß er darin gewesen ist, eine
Blume mit
und er sähe beim Aufwachen diese Blume
in seiner Hand
was wäre daraus zu
schließen?

(S. T. Coleridge)

Eintauchen in die eine Welt

Träume verbinden die Menschen auf der ganzen Welt. Denn die Menschen in allen Völkern und Kulturen und Religionen haben Träume. Nach C.G. Jung tauchen wir in den Träumen ein in den „unus mundus", in die eine Welt, in der wir alle miteinander verbunden sind, in der alles eins ist. Seit Jahrtausenden haben sich in allen Kulturen die Menschen mit den Träumen beschäftigt. Die Aussagen zum Traum und die Art und Weise, wie man die Träume deutet, unterscheiden sich je nach der Kultur und je nach dem Zeitalter. Doch eines haben alle Traumbücher und alle Versuche, die Träume zu verstehen und zu deuten, gemeinsam: die Faszination durch das, was während der Nacht dem Menschen im Traum begegnet. Alle Kulturen sind sich darüber einig, dass man die Träume beachten soll, dass sie eine wichtige Botschaft für den Menschen in sich tragen. Es ist gut, wenn wir die Träume beachten und nicht als bloße Schäume abtun, wie man das im Zeitalter der Rationalismus getan hat.

Schauen Sie also dankbar auf Ihre Träume. Gott selbst schickt sie oder – wie es die Bibel oft ausdrückt – ein Engel kommt zu Ihnen in der Nacht und spricht zu Ihnen im Traum. Und schauen Sie mit einer gewissen Neugier auf Ihre Träume. Jede Nacht vermittelt Ihnen der Engel eine wichtige Botschaft, eine Botschaft über Sie und das Geheimnis Ihres Menschseins, aber auch eine Botschaft, wie Sie weiter gehen sollen auf Ihrem Weg.

(Anselm Grün, Vom spirituellen Umgang mit Träumen)

Ältester Traum

Ich habe geträumt, ich sei aufgewacht.
Das ist der älteste aller Träume,
Und den habe ich gerade gehabt.

(Julian Barnes)

Einer der berümtesten Träume aus dem alten China: „Ich, Zhuangzi, träumte einmal, ich sei ein Schmetterling, der hierhin und dahin flatterte, in jeder Beziehung und Hinsicht ein Schmetterling. Ich war mir nur über mein Schmetterlings-Dasein bewusst und nicht über meine menschliche Existenz. Plötzlich erwachte ich und lag nun da, wiederum als das gewohnte Ich. Ich weiß jetzt aber nicht, ob ich ein Mensch war, der träumte, er sei ein Schmetterling, oder ob ich ein Schmetterling bin, der träumt, er sei ein Mensch.“

Anselm Grün deutet die Geschichte vom Traum des Zhungzi spirituell: Der Traum zeigt etwas Wesentliches vom Menschen. Der Mensch ist seiner Natur nach wie ein Schmetterling. Er spiegelt Gottes Schönheit und Leichtigkeit wieder. Er kann sich in seiner Seele über das Schwere seines Lebens erheben. Wir fragen uns immer, was der Traum bedeutet, was die Symbole im Traum bedeuten. Für die chinesischen Taoisten sind die Träume dagegen eine Botschaft, die uns unser wahres Wesen aufdecken.

Geheimnisvoll

Der Traum ist eines der tiefsten Geheimnisse der Menschheit. In alten indischen Texten wird die Meinung vertreten, dass unsere Existenz drei Formen annimmt: eine hier in dieser Welt, eine weitere in der jenseitigen Welt und eine dritte in der Welt des Traums. Denker aus allen Kulturen ahnen es: Im Traum liegt auch ein Schlüssel zum Verständnis unseres Lebens. Ein Schlüssel, der auch den Alltag anders sehen lässt. Der Tiefenpsychologe C. G. Jung sieht es so: „Im Traum treten wir in den tieferen, allgemeineren, wahreren, ewigeren Menschen ein, der noch im Dämmer der anfänglichen Nacht steht, wo er noch das Ganze und das Ganze in ihm war."

Nichts ist unmöglich

Eine Angst geht um unter vielen. Die Angst, „den Anschluss zu verlieren".

Aber jede Nacht können wir Anschluss gewinnen – an uns selbst. An eine Quelle unseres Lebens. An unser Unterbewußtes. An die Ressourcen, aus denen wir tagsüber leben. An unsere tiefsten Gefühle und unsere geheimsten Wünsche.

Nachts ist die Zeit, wo unsere Pläne sich an unseren Träumen, an der Vorstellung einer anderen und weiteren Wirklichkeit korrigieren können. Wo das Unmögliche möglich werden kann.

Im Traum
und in der Liebe
ist nichts unmöglich.

(Italienisches Sprichwort)

Unsere Seele: Raum der Träume.
Reich der Möglichkeiten.

Weg zum Ursprung

„Der Weg zum Ursprung, noch steht er uns offen."

(Hans Carossa)

In der Begegnung mit dem Ursprung begegnen wir nicht nur uns selber.

Wir führen in der Tiefe des Traums nicht bloß ein Selbstgespräch mit unseren Wünschen und Ängsten und Sehnsüchten.

Es ist eine alte – und heute wieder neu entdeckte – Einsicht, dass im Traum auch Gott zu uns spricht: „Er ist der Handelnde, wir sind die Zuschauer." (Anselm Grün)

Es kommt darauf an, die Botschaft zu hören. Und es kommt darauf an, dass die Begegnung nicht folgenlos bleibt. Dass wir also am Tag die Konsequenzen ziehen aus dem, was uns nachts aufleuchtet.

Seelenruhe

Tagsüber schwebt der „dunkle Vogel Unruhe“ (Christian Morgenstern) über unserer Seele. Nachts hat er Zeit, sich niederzulassen, sich auszuruhen.

Die Bewegungen der Seele im Traum sind anders als die Unruhe des Tags. Sie geben eine Distanz zum Tagesgeschehen, sie heben es ins Bild, lassen es uns anschauen und deuten es auch und lassen uns am nächsten Tag ruhiger damit umgehen.

Wir können also auch auf dem nächtlichen Umweg über die Träume näher zu uns selber kommen.

Offene Türen

Der Schlaf macht uns offener für andere Wirklichkeiten. Er zeigt uns die leisen und eindringlichen Wahrheiten, die der Lärm des Tages nicht vordringen läßt in unser Herz. Der Traum ist die offene Tür zu unserer inneren Wahrheit. Er ist der Wachzustand unserer Seele. Ein Tor zu unserer inneren Lebendigkeit. Das Tor, das offensteht für unseren Engel.

„Wer unsre Träume stiehlt,
gibt uns den Tod."

(Konfuzius)

Uhr des Lebens

Im Traum offenbart sich, was ist und was sein wird. Hier zeigen sich die Dinge, noch bevor sie eingetreten sind.

Es ist eine Orientierung jenseits der Zeit. Der Traum zeigt, wo wir stehen und wie weit wir sind.

„Es ist der Traum die Uhr des Lebens,
nur hier können wir ablesen, wie viel es
schlagen wird.“

(Heimito von Doderer)

Lichtenbergs Empfehlung

Ich empfehle das Träumen nochmals; wir leben und empfangen so gut im Traum als im Wachen und sind jenes so gut als dieses, es gehört mit unter die Vorzüge des Menschen, dass er träumt und es weiß. Man hat schwerlich noch rechten Gebrauch davon gemacht. Der Traum ist ein Leben, das mit unserm übrigen zusammengesetzt, das wird, was wir menschliches Leben nennen. Die Träume verlieren sich in unser Wachen allmählig herein, man kann nicht sagen, wo das Wachen eines Menschen anfängt.

Wenn Leute ihre Träume aufrichtig erzählen wollten, da ließe sich der Charakter eher daraus erraten, als aus dem Gesicht.

(Georg Christoph Lichtenberg)

Wonne der Träume

„Der Mensch ist ein Buch, das sich selber liest", hat P. N. Furbank gesagt. Der Satz trifft auch auf unsere Träume zu. Träume sind inspirierender und kreativer als manche Fiktion: Sie entlasten vor Versagungen. Sie entbinden unsere im Alltag gefesselte Phantasie und lassen uns unsere Wünsche erkennen. Sie erschaffen uns eine Welt, die die unsere ist und doch völlig frei.

Die Lust zu träumen liegt in dieser Freiheit: „Menschen, die nachts im Schlafe träumen, kennen ein Glück, das die Tageswelt nicht gewährt, eine stille Verzückung, ein Schweben der Seele, das wie Honig auf der Zunge ist. Sie wissen auch, dass die Wonne der Träume das Gefühl der grenzenlosen Freiheit ist." (Tanja Blixen)

Selbst verantwortlich

Friedrich Nietzsche schrieb: „Man träumt gar nicht – oder interessant."

Im Traum ist in der Tat höchste Kreativität. Wir führen Regie, spielen in allen Haupt- und Nebenrollen und sind gleichzeitig das Publikum.

„In allem wollt ihr verantwortlich sein! Nur nicht für eure Träume!

Welche elende Schwächlichkeit, welcher Mangel an folgerichtigem Mute!

Nichts ist mehr euer eigen als eure Träume. Nichts mehr euer Werk!

Stoff, Form, Dauer, Schauspieler, Zuschauer – in diesen Komödien seid ihr alles selber!"

(Friedrich Nietzsche)

König und Bettler

Ich glaube, der Mensch träumt nur,
damit er nicht aufhört, zu sehen.

(Johann Wolfgang von Goethe)

Der tibetische Mönch, den es nach Europa verschlagen hatte, sagte von sich: Jede Nacht reise ich nach Indien, ohne einen Pfennig zu bezahlen. Er gehört zu den Weisen der Nacht: „Den Narren packt die Reisewut, indes im Bett der Weise ruht."

(Karlheinz A. Geißler)

Friedrich Hölderlin sagt einmal: „Ein König ist der Mensch, wenn er träumt; ein Bettler, wenn er denkt." Anselm Grün deutet dies so: „Im Traum findet der Mensch offensichtlich zu einer Sprache, die seiner königlichen Würde entspricht. Da ist sein Geist frei. Seine Seele ist beflügelt. Er betritt königliche und märchenhafte Räume, die ihn frei atmen lassen. Unser Denken ist immer auch begrenzt. Es gibt nicht nur das philosophische und theologische Denken, das einen weiten Horizont eröffnet, sondern das alltägliche Denken, das sich in der täglichen Umgangssprache oder in der Sprache der Medien ausdrückt. Und diese Sprache ist im Vergleich zur reichen und bunten Sprache der Träume eine Sprache von Bettlern. Wir betteln um Erkenntnis, während der Traum uns in Bildern die wahre Erkenntnis vor Augen führt."

Was uns blüht

Der Traum bringt uns in Berührung mit unseren tiefsten kreativen Möglichkeiten. Der chinesische Dichter Li Bai erzählt von sich: Als ich jung war, träumte ich eines Nachts, wie ich an einem Buch schrieb. Und gerade dort, wo mein Feder-Stift gerade war, blühten immer neu Lotos-Blumen auf. Li Bai war durch seinen Traum so inspiriert, dass er danach auf ganz neue Weise schreiben konnte und als Dichter immer berühmter wurde.

Bewahrt

„Träume sind wirksamer als
Taten und Ereignisse.
Träume bewahren die Welt vor
dem Untergang.“

(Ilse Aichinger)

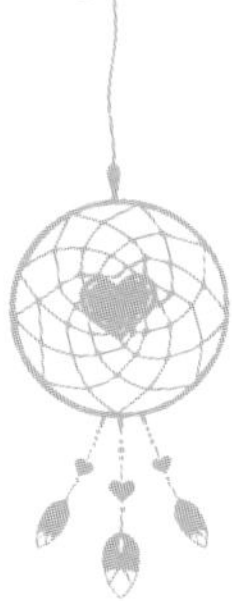

Gesättigt

Der Traum vom richtigen Schlafen: Aufwachen am Morgen – schlaftrunken noch, frisch, ausgeruht und erfüllt mit einer tief befriedigenden Erfahrung, für die Elisabeth Borchers das Wort fand: „Gesättigt vom Traum“.

Auf, auf, gib deinem Schmerze
und Sorgen gute Nacht

(Paul Gerhardt)

Bevor des Tages Licht vergeht

Die schönsten Abendgebete

In meinem Wachen und in meinem Schlafen

Gott schützt mich
Gott umgibt mich
Gott in meinem Sprechen
Gott in meinem Denken.

Gott in meinem Schlafen,
Gott in meinem Wachen,
Gott in meinem Blicken,
Gott in meinem Hoffen.

Gott in meinem Leben,
Gott auf meinen Lippen,
Gott in meiner Seele,
Gott in meinem Herzen.

Gott in meiner Mäßigung
Gott in meinem Schlummer
Gott in meiner unsterblichen Seele,
Gott in meiner Ewigkeit.

(Keltisches Abendgebet)

Wir sagen Dank

dem Mond und den Sternen
die uns Licht geben.
wenn die Sonne nach Westen
gegangen ist;
wir schauen auf den Mond,
in dessen Licht
unsere Urmutter zu uns kommt;
denn sie vollzuieht noch immer
den Reigen des Lichtes,
wie er von Anbeginn bestimmt
worden ist.

Wir danken auch
für das Leben der Sterne,
die das Licht ihrer Schönheit
über Tausende von Jahren
scheinen lassen

und wir hoffen,
dass sie fortfahren werden,
es zu tun.

(Indianisches Dankgebet)

Segen

Von dort, wo die Abenddämmerung sich
erhebt im Westen,
wird Segen für mich kommen.
Von dort, wo die Dunkelheit emporsteigt
im Norden,
wird Segen für mich kommen.
Von überall her
wird Segen für mich kommen.
So bin ich langes Leben und Glück.
Kein Ungemach wird mich treffen.
Dies sind meine Worte.

(Segensspruch der
Navajo-Indianer)

Wenn es dunkel wird am Abend

Erwachen die Augen meines Herzens
zu dir.
In der Stille der Nacht
Verlangt mich nach deiner Liebe.
In all dem Leiden der Welt
Und in den Kämpfen
meines eigenen Lebens
Suche ich nach der Berührung
durch deine heilende Gnaden
In den Tiefen meiner eigenen Seele.
In den verborgenen Tiefen
des Lebens,
o Gott
Wo Du zuhause bist.

(Keltisches Abendgebet)

Dankgebet am Abend

Ist es nicht wunderbar,
sehen zu können?
Ist es nicht großartig,
hören zu können?
Ist es nicht ein kostbares Gut,
sprechen zu können?
O, mein Gott, verzeih mir meine
Undankbarkeit,
Und habe Mitleid mit meiner
Schwerfälligkeit,
Die sich dieser Gaben nicht bewusst ist.

(Thomas Traherne)

Schutzgebet

Herr, kehre ein in dieses Haus.
Und lass deine heiligen Engel darin wohnen.
Sie mögen uns in Frieden behüten.
Und dein heiliger Segen sei allezeit
über uns und um uns und in uns.
Darum bitten wir durch Christus,
unsern Herrn.
Amen.

(Kirchliches Abendgebet, 1600 Jahre alt)

Abends wenn ich schlafen geh

14 Engel um mich stehen,
zwei zu meinen Häupten,
zwei zu meinen Füßen,
zwei zu meiner Rechten,
zwei zu meiner Linken
zwei, die mich decken,
zwei, die mich wecken,
zwei, die mich weisen,
ins herrliche Paradeisen!

(Abendsegen aus dem Jahr 1529)

Altes Abendgebet

O Gott,
gib, dass ich keines Menschen Feind,
aber der Freund alles Ewigen und
Bleibenden sei.
Dass ich nie Schlechtes gegen jemand
ersinne,
und wenn mir solches geschieht,
so soll ich verschont werden,
ohne den zu verletzen,
der mir solches tun wollte.
Dass ich nur das Gute liebe, suche und
erlange.
Dass ich das Glück aller Menschen
wünsche und niemanden beneide.
Dass ich niemals darauf warte,
andere gescholten zu sehen, wenn ich
etwas Schlechtes gesagt oder getan habe,
sondern immer mich selbst tadele,
bis ich mich bessere.

Dass ich nie einen Sieg davontrage, der mir oder meinem Gegner wehtut. Dass ich Freunde, die einander zürnen, wieder miteinander versöhne.

Dass ich nach meinen ganzen Kräften allen Hilfe leiste, die sie brauchen.

Dass ich nie einen Freund in Gefahr aufgebe.

Dass ich mich selbst achte.

Dass ich immer all das zügele, was in mir wüten kann.

Dass ich nie darüber spreche,
wer böse ist
oder wer Böses getan hat,
sondern gute Menschen suche und ihren Fußstapfen folge.

Auf, auf, gib deinem Schmerze

und Sorgen gute Nacht,
lass fahren, was das Herze
betrübt und traurig macht;
bis du doch nicht Regente,
der alles führen soll,
Gott sitzt im Regimente
und führet alles wohl.

(Paul Gerhardt)

Aus dem jüdischen Nachtgebet

Gelobt seist Du, Ewiger,
Herr, unser Gott, König der Welt
der Du die Bande des Schlafes auf meine
Augen legst und den Schlummer auf mei-
ne Wimpern.
Möge es vor Dir wohlgefällig sein,
dass ich mich niederlege in Frieden
und mich erhebe in Frieden
und dass mich meine Gedanken
nicht erschrecken
oder böse Träume
und böse Vorstellungen.

Muslimisches Abendgebet

In Deinem Namen o Herr
Lege ich meine Körperseite zur Ruhe
und durch Dich erhebe ich sie wieder.
Wenn Du meine schlafende Seele zu Dir nimmst, so vergib ihr
und wenn Du sie wieder zurücksendest,
so behüte sie,
wie Du Deine Diener behütest,
die auf Dich vertrauen.

Bevor des Tages Licht vergeht,

O Herr der Welt, hör dies Gebet:
Behüte uns in dieser Nacht
Durch deine große Güt und Macht.

Hüllt Schlaf die müden Glieder ein,
Lass uns in dir geborgen sein
Und mach am Morgen uns bereit
Zum Lobe deiner Herrlichkeit,

Dank dir, o Vater, reich an Macht,
Der über uns voll Güte wacht.

(Altkirchlicher Hymnus)

Nun wollen wir singen das Abendlied
Und beten, dass Gott uns behüt.

(Aus dem Odenwald)

Guten Abend, gute Nacht,
mit Rosen bedacht

Die schönsten Abendlieder

Was wolln wir auf den Abend tun?

Schlafen wölln wir gahn.
Schlafen gahn ist wohl getan
Schön Jungfrau wollt ihr mit mir gahn?
Schlafen wölln wir gahn.

(Fabricius Lautenbuch, 1603)

Guten Abend, gute Nacht,

mit Rosen bedacht,
mit Näglein besteckt
schlupf unter die Deck:
Morgen früh, wenn Gott will,
wirst du wieder geweckt.

(Volkslied)

Der Mond ist aufgegangen

Die goldnen Sternlein prangen
Am Himmel hell und klar
Der Wald steht schwarz
und schweiget,
Und aus den Wiesen steiget
der weiße Nebel wunderbar.

Wie ist die Welt so stille
und in der Dämmrung Hülle
so traulich und so hold
als eine stille Kammer,
wo ihr des Tages Jammer
verschlafen und vergessen sollt.

Seht ihr den Mond dort stehen?
Er ist nur halb zu sehen
Und ist doch rund und schön.
So sind wohl manche Sachen,
Die wir getrost belachen,

Weil unsre Augen sie nicht sehn.
So legt euch denn, Ihr Brüder,
In Gottes Namen nieder,
Kalt ist der Abendhauch;
Verschon uns Gott, mit Strafen und lass
uns ruhig schlafen
Und unsern kranken Nachbarn auch!

(Matthias Claudius)

Schweigt der Menschen laute Lust

Rauscht die Erde wie in Träumen
Wunderbar mit allen Bäumen,
Was dem Herzen kaum bewusst,
Alte Zeiten, linde Trauer,
Und es schweifen leise Schauer
Wetterleuchtend durch die Brust.

(Joseph von Eichendorff)

Ich wandre durch die stille Nacht,

da schleicht der Mond
so heimlich sacht
oft aus der dunklen Wolkenhülle,
und hin und her im Tal
erwacht die Nachtigall,
dann wieder alles grau und stille.

O wunderbarer Nachtgesang:
Von fern im Land der Ströme Gang,
leis schauern in den dunklen Bäumen -
wirrst die Gedanken mit,
mein irres Singen hier
ist wie Rufen nur aus Träumen.

(Joseph von Eichendorff)

Nun ruhen alle Wälder,

Vieh, Menschen, Städt und Felder,
es schläft die ganze Welt;
Ihr aber meine Sinnen, auf, auf,
ihr sollt beginnen,
was eurem Schöpfer wohlgefällt.

Wo bist du, Sonne blieben? Die Nacht hat dich vertrieben, die Nacht des Tages Feind. Fahr hin, ein andre Sonne, mein Jesus, keine Wonne, gar hell in meinem Herzen scheint.

Der Tag ist nun vergangen, die güldnen Sternlein prangen am blauen Himmelssaal: also werd ich auch stehen, wenn mich wird heißen gehen mein Gott aus diesem Erdental.

Das Haupt, die Füß und Hände sind froh, dass nun zu Ende die Arbeit kommen sei. Herz freu dich, du sollst werden vom Elend dieser Erden und von der Sünden Arbeit frei.

Auch euch, ihr meine Lieben, soll heute nicht betrüben kein Unheil noch Gefahr! Gott lass euch ruhig schlafen, stell euch die güldnen Waffen ums Bett und seiner Engel Schar.

(Paul Gerhardt)

Wer hat die schönsten Schäfchen?

Die hat der goldne Mond,
der hinter unsern Bäumen
am Himmel drüben wohnt.
Er kommt am späten Abend,
wenn alles schlafen will,
hervor aus seinem Hause
zum Himmel leis und still.
Dann weidet er die Schäfchen
Auf seiner blauen Flur;
Denn all die weißen Sterne
Sind seine Schäfchen nur.
Sie tun sich nichts zuleide,
hat eins das andere gerne,
und Schwestern sind und Brüder
da droben Stern an Stern.
Wenn ich gen Himmel schaue
So fällt mir immer ein:

O lasst uns auch so freundlich
Wie diese Schäfchen sein!

(Adelbert von Chamisso)

Schlaf, Kindlein, schlaf!

Es war einmal ein Schaf.
Das Schaf, das ward geschoren,
da hat das Schaf gefroren.
Da zog ein guter Mann
Ihm seinen Mantel an.
Jetzt brauchts nicht mehr zu frieren,
kann froh herumspazieren!
Schlaf, Kindlein, schlaf!
Es war einmal ein Schaf.

(Christian Morgenstern)

Abend wird es wieder;

Über Wald und Feld
Säuselt Frieden nieder,
Und es ruht die Welt.
Nur der Bach ergießet
sich am Felsen dort,
Und er braust und fließet,
immer fort.

Und kein Abend bringet
Frieden ihm und Ruh,
Keine Glocke klinget
ihm ein Rastlied zu.

So in deinem Sterben,
bist, mein Herz auch du;
Gott nur kann dir geben
wahre Abendruh.

(August Heinrich Hoffmann
von Fallersleben)

O, du stille Zeit!

Kommst, eh wirs gedacht.
Über die Berge weit,
Über die Berge weit,
Gute Nacht!

In der Einsamkeit
Rauscht es nun so sacht.
Über die Berge weit,
Über die Berge weit,
Gute Nacht!

(Joseph von Eichendorff)

Der schnelle Tag ist nun hin.

Die Nacht schwingt ihre Fahn
Und führt die Sterne auf.
Der Menschen müde Scharen
Verlassen Feld und Werk.
Wo Tier und Vögel waren
Traurt itzt die Einsamkeit.
Wie ist die Zeit vertan.

Der Port naht mehr und mehr sich zu der
Glieder Kahn.
Gleich wie dies Licht verfiel,
so wird in wenig Jahren
Ich, Du und was man hat, und was man
sinnt, hinfahren.
Dies Leben kömt mir vor
als eine Renne-Bahn.

Lass, höchster Gott! mich doch nicht auf
den Lauf-Platz gleiten!
Laß mich nicht Ach, nicht Pracht, nicht
Lust, nicht Angst verleiten!
Dein ewig-heller Glanz sei vor und neben
mir!

Laß, wenn der müde Leib entschläft, die
Seele wachen,
Und wenn der letzte Tag wird mit mir
Abend machen,
So reiß mich aus dem Tal
der Finsternis zu dir!

(Andreas Gryphius)

Die Nachtblume

Nacht ist wie ein stilles Meer,
Lust und Leid und Liebesklagen
Kommen so verworren her
In dem linden Wellenschlagen.

Wünsche wie die Wolken sind,
Schiffen durch die stillen Räume,
Wer erkennt im lauen Wind,
Obs Gedanken oder Träume?-

Schließ ich nun auch Herz und Mund,
Die so gern den Sternen klagen:
Leise dir im Herzensgrund
Bleibt das linde Wellenschlagen.

(Joseph von Eichendorff)

O Trost der Welt, du stille Nacht!

Der Tag hat mich so müd gemacht,
Das weite Meer schon dunkelt,
Lasst ausruhn mich von Lust und Not,
Bis dass das ewge Morgenrot
Den stillen Wald durchfunkelt.

(Joseph von Eichendorff)

Aufwachen – die beste Art,
seine Träume wahrzumachen

(Diane Keaton)

Ein neuer Tag

– Wie neu geboren

Erwachen am Morgen

Man kann es negativ und voller Melancholie als Verlust der Zeit sehen, wie der unbekannte Philosoph auf einem Graffiti: „Entsetzlich: Gestern war heute noch morgen."

Man kann es positiv sehen, wie der Dichter Hagedorn: Der Vorfrühling ist nach seinen Worten die frühe Morgenstunde des Jahres. Der Morgen wäre demnach der Frühling des Tages. Und jedes Aufstehen: ein Frühlingserwachen!

Sogar wie das Erwachen zu neuem Leben und als eine Neugeburt sehen es manche. Unter ihnen sogar Sigmund Freud: „Es sieht so aus, als hätte die Welt auch uns Erwachsene nicht ganz, nur zu zwei Dritteilen; zu einem Drittel sind wir überhaupt noch ungeboren. Jedes Erwachen am Morgen ist dann wie eine neue Geburt."

„Gebt den Leuten mehr Schlaf – und sie werden wacher sein, wenn sie wach sind.“

(Kurt Tucholsky)

„Early to bed, and early arise, Makes the Man healthy, wealthy and wise.“ Dieser J. Wesley zugeschriebenen Weisheit, dass alles, Gesundheit, Wohlstand und Klugheit, an den Termin des frühen Aufstehens gebunden sind, lässt sich mit dem Wort großer Dichter widersprechen:

Franz Kafka: „Das frühzeitige Aufstehen macht einen ganz blödsinnig.
Der Mensch muss seinen Schlaf haben.“

Geburt der ganzen Welt

Paul Valéry erkennt im Vorgang des Aufwachens eine Analogie zur Geburt. Es ist die Geburt der ganzen Welt, die für den Schläfer erst allmählich wieder entsteht:
„Da existiert eine Nacktheit,
bevor man sich wieder ankleidet.“

So viel ist sicher:
„Das Leben ist kein Traum.
Es wird nur zum Traume durch die Schuld des Menschen, dessen Seele dem Ruf des Erwachens nicht folgt.“

(Ernst von Feuchtersleben)

Träume sind das,
woraus man erwacht.

(Raymond Carver)

Alternativen

Nachtschlaf ist nicht alles: Aus Kuba kommt die Weisheit: „Wer die ganze Nacht schläft, hat am Tage Anspruch auf ein wenig Ruhe."

Es gibt auch andere Traditionen, an die man anknüpfen kann – zumindest von Zeit zu Zeit: So ein Autor aus Brasilien, noch Anfang des letzten Jahrhunderts: „Für einen richtigen Gentleman nehmen wir 10 Uhr als die früheste Stunde, zu welcher er daran zu denken beginnt, sein Kissen zu verlassen."

Der Wecker klingelt

„Frag nie,
wem die Glocke schlägt.
Sie schlägt dir.“

(John Donne)

Wer lange schläft, muss kein schlechtes Gewissen haben. Im Gegenteil: „Schlafen ist kein geringes Kunststück, denn man muss den ganzen Tag dafür wach bleiben.“

(Friedrich Nietzsche)

Und du erwachst, – dann musst
du nicht erschrecken! Die Sterne stehn
vollzählig überm Land.

(Hans Carossa)

Ein Viertelstündchen

Wer beim Aufwachen sich noch einmal umdreht und ein Viertelstündchen zulegt, gewinnt in aller Frühe schon Zeit – sagt Georg Christoph Lichtenberg: „Es ist eine bekannte Sache, dass die Viertelstündchen größer sind, als die Viertelstunden."

Zu lange geschlafen?

Man kann gar nicht zu lange schlafen.

Denn bekanntlich lebt jeder, der die volle Hälfte seines Lebens verschläft, die andere Hälfte doppelt. Mae West hat recht: „Zuviel von einer guten Sache kann wunderschön sein"

Keine Hetze

Nur keine Hetze am Morgen:
Nicht immer der erste sein wollen:
„Wo alle Leute so früh als möglich
kommen wollen, da muß notwendig
bei weitem der größere Teil zu spät
kommen."

(Georg Christoph Lichtenberg)

Der Wecker rasselt?
Auf den Knopf drücken.
Sich wieder umdrehen.
Sich allmählich dehnen
und langsam sich strecken
und laut gähnen.
Und dann den Tag anfangen
Mit einem guten Gedanken.

Auf die Amsel hören – statt auf den Wecker.

Der erste Blick aus dem Fenster:
„Schöneres kann uns nicht blühn
als der Baum vor dem Hause
des Nachbarn."

(Elisabeth Borchers)

Auch darauf kann man sich freuen:
„Alles Glück beruht auf einem geruhsamen Frühstück."

(John Gunther)

Morgenwonne

Ich bin so knallvergnügt erwacht.
Ich klatsche meine Hüften.
Das Wasser lockt. Die Seife lacht.
Es dürstet mich nach Lüften.
Aus meiner tiefsten Seele zieht
Mit Nasenflügel beben
Ein ungeheurer Appetit
Nach Frühstück und nach Leben.

(Joachim Ringelnatz)

Klugheit am Morgen

Am Morgen sind wir am klügsten, aber auch am sorglichsten;
denn auch die Sorge ist eine Klugheit, wiewohl nur eine passive. Die Dummheit weiß von keiner Sorge.

(Johann Wolfgang von Goethe)

Gelassen anfangen.

Und gelassen bleiben.
„Es gibt Hähne, die glauben,
die Sonne sein aufgegangen,
weil sie gekräht haben."
(Robert Lemke)

Wir machen
unser Glück
nicht selbst.
Es kommt
auf uns zu.

»*Es werde Licht!*«

(Schöpfungsbericht)